Impressum
Verlag: BABADADA GmbH, Nedderfeld 112 , 22529 Hamburg
Geschäftsführer / Verlagsleitung: Harald Hof
Druck: Books on Demand GmbH, In de Tarpen 42, 22848 Norderstedt

Imprint
Publisher: BABADADA GmbH, Nedderfeld 112 , 22529 Hamburg, Germany
Managing Director / Publishing direction: Harald Hof
Print: Books on Demand GmbH, In de Tarpen 42, 22848 Norderstedt

sukuudanmu
σχολική τάξη

kyemu
διαιρώ

186/2

twerε pono
πίνακας

sukuu mu
σχολική αυλή

kyerεkyerεni
δάσκαλος

krataa
χαρτί

twerε
γράφω

pεn
στυλό

εpono a yεyε so adwuma
γραφείο

rula
χάρακας

nwoma
βιβλίο

sukuuni
μαθητής

baage

σχολική τσάντα

twerεdua konko

κασετίνα/ μολυβοθήκη

twerεdua

μολύβι

deε yεde sensen twerεdua
ano

ξύστρα

rɔba

γόμα

krataa a yεdwi adeguso

μπλοκ ζωγραφικής

adedwie

ζωγραφική

penti brɔhye

πινέλο

penti adaka

κουτί χρωμάτων

apasɔɔ

ψαλίδι

aman

κόλλα

nwoma a yɛyɛ mu adwuma

τετράδιο ασκήσεων

efie adwuma

εργασία για το σπίτι

nɔma

αριθμός

kabom

προσθέτω

te fri mu

αφαιρώ

mmɔho

πολλαπλασιάζω

sese

υπολογίζω

lɛtɛ

γράμμα

ntwerɛeɛ

αλφάβητο

asɛmfua

λέξη

ntwerɛdeɛ

κείμενο

kenkan

διαβάζω

kyɔk

κιμωλία

adesua

μάθημα

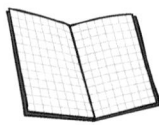

twerɛ wo din

εγγράφομαι

nsɔhwɛ

τεστ

abodinkrataa

πιστοποιητικό

sukuu ataadeɛ

μαθητική στολή

adesua

εκπαίδευση

nyansa nwoma

εγκυκλοπαίδεια

suapɔn

πανεπιστήμιο

maakroskop

μικροσκόπιο

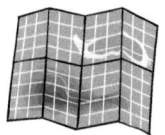

map

χάρτης

kɛntɛn a yɛde krataa nwura
gu mu

καλάθι αχρήστων

akwantuo
ταξίδι

ahɔhogyebea
ξενοδοχείο
Grand
hostɛl
ξενώνας
ROOMS
baabi a yɛ sesa sika
ανταλλακτήρια συναλλάγματος
EXCHANGE
potomanto
βαλίτσα
kaa
αυτοκίνητο

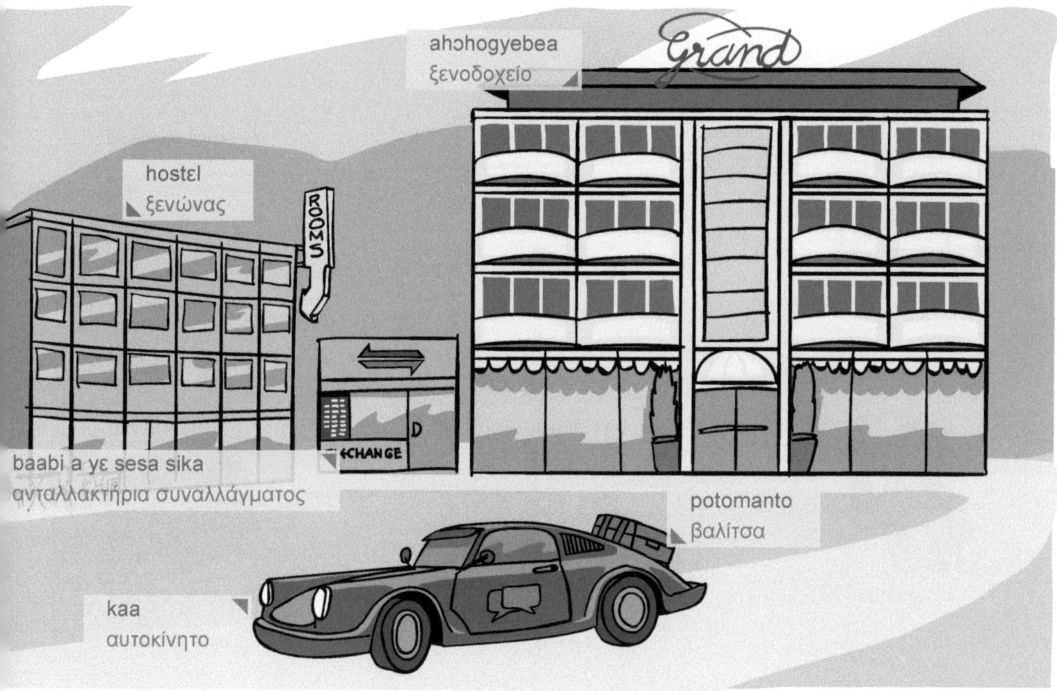

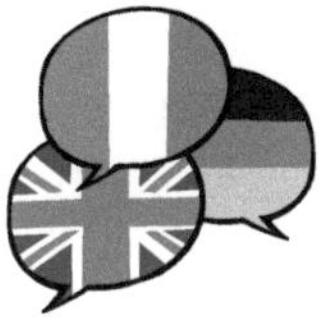

kasa
γλώσσα

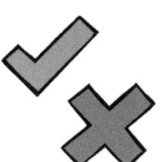

aane / dabi
ναι / όχι

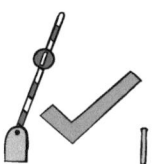

Yoo
εντάξει

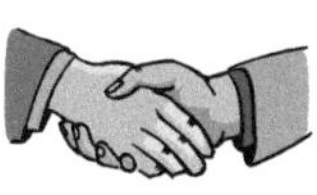

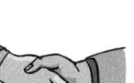

hɛlo
γεια σου

kasa asekyerɛfoɔ
μεταφραστής

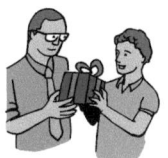

Medaase
Ευχαριστώ

...bɔɔ yɛ sɛn?

πόσο κάνει ;

Me nte aseɛ

Δε καταλαβαίνω

ɔhaw

πρόβλημα

Maadwo!

Καλησπέρα!

Maakye!

Καλημέρα!

Dayie!

Καληνύχτα!

baibai o

Αντίο

akwankyerɛ

κατεύθυνση

wo nneɛma

αποσκευές

botɔ

τσάντα

akyirebotɔ

σακίδιο πλάτης

ɔhɔhoɔ

καλεσμένος

danmu

δωμάτιο

botɔ a yɛda mu

υπνόσακος

ntomadan

σκηνή

nsɛm dema wɔn a wɔkɔ
nsrahwɛ

τουριστικές πληροφορίες

mpoano

παραλία

kaade a yɛde yi sika

πιστωτική κάρτα

anɔpa aduane

πρωινό

awua aduane

μεσημεριανό

anwumerɛ aduane

δείπνο

tiket

εισιτήριο

pegya

ανελκυστήρας

stamp

γραμματόσημο

ɛhyeɛ so

σύνορα

kutɔmfoɔ

τελωνείο

embasi

πρεσβεία

visa

βίζα

passpɔt

διαβατήριο

akɔneabadie

μεταφορά

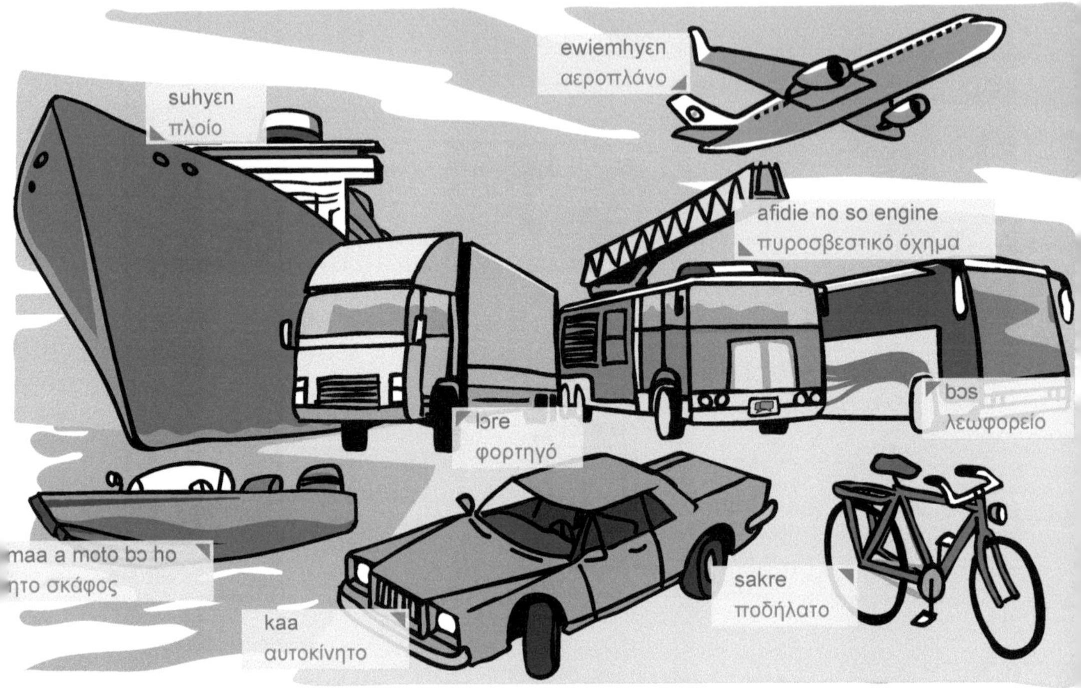

ewiemhyɛn
αεροπλάνο
suhyɛn
πλοίο
afidie no so engine
πυροσβεστικό όχημα
bɔs
λεωφορείο
lɔre
φορτηγό
maa a moto bɔ ho
ητο σκάφος
sakre
ποδήλατο
kaa
αυτοκίνητο

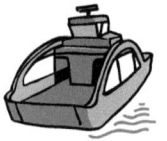

hyɛma

φεριμπότ

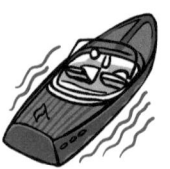

suhyɛn kumaa

βάρκα

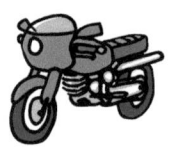

motosakre

μοτοσικλέτα

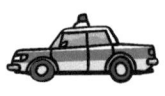

polisifoɔ kaa

περιπολικό

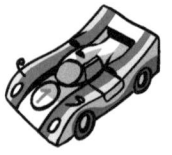

kaa a ɛkɔ mirika akansie

αγωνιστικό αυτοκίνητο

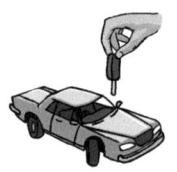

kaa a yɛde ma ahan

ενοικιαζόμενο αυτοκίνητο

wɔre kyɛ kaa

ιαμοιρασμός αυτοκινήτων

lɔre a asɛɛɛ

γερανός

bɔɔla kaa

απορριμματοφόρο

moto

κινητήρας

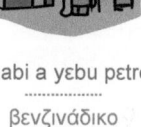

pɛtro

καύσιμο

baabi a yɛbu pɛtro

βενζινάδικο

trafik ahyɛnsodeɛ

πινακίδα σήμανσης

trafik

κυκλοφορία

trafik akye

κυκλοφοριακή συμφόρηση

baabi a yɛde kaa esi

χώρος στάθμευσης

keteke gyinabea

σιδηροδρομικός σταθμός

keteke kwan

σιδηροδρομικές γραμμές

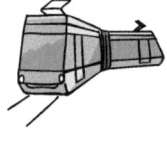
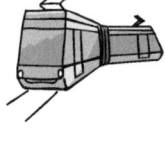
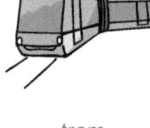
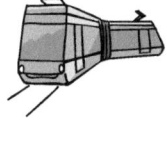

keteke

τρένο

tram

τραμ

ponkɔ kaa

βαγόνι

helikopta

ελικόπτερο

ewiemhyɛnbea

αεροδρόμιο

abansoro

πύργος

apasingyani

επιβάτης

tontowa

εμπορευματοκιβώτιο

adaka

χαρτοκιβώτιο

kaate

καρότσι

kɛntɛn

καλάθι

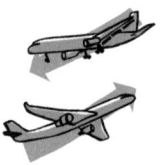

atu / asi fam

απογειώνομαι /
προσγειόνομαι

kuro kɛseɛ

πόλη

akurase

χωριό

kuro dwaberɛ mu

κέντρο της πόλης

efie

σπίτι

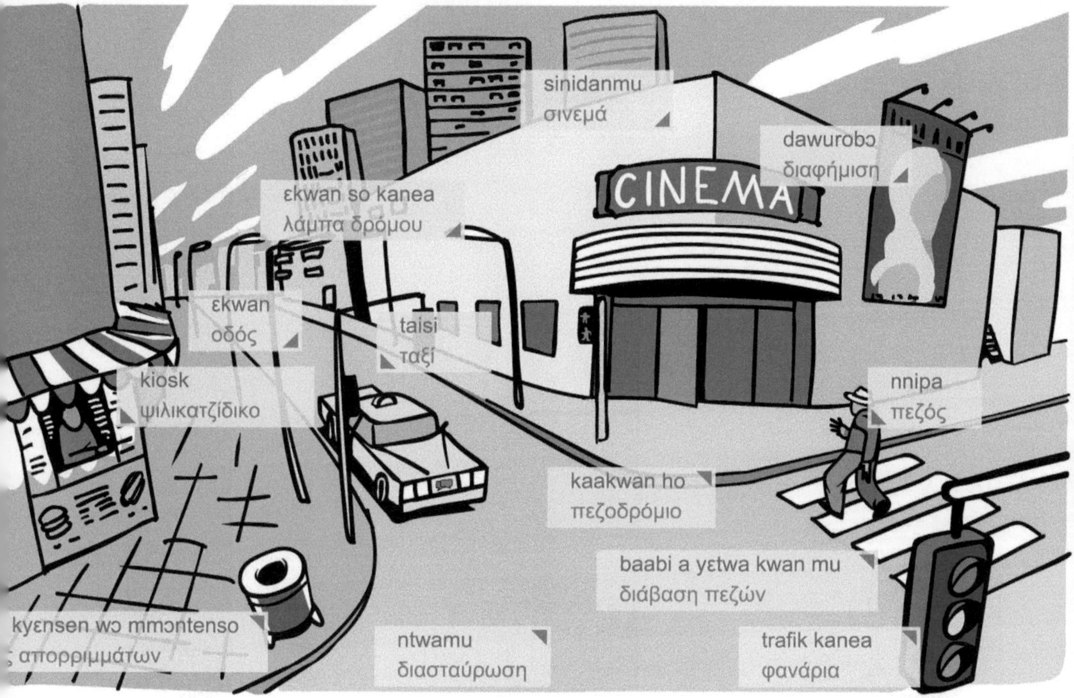
sinidanmu
σινεμά
dawurobɔ
διαφήμιση
CINEMA
ɛkwan so kanea
λάμπα δρόμου
ɛkwan
οδός
taisi
ταξί
kiosk
ψιλικατζίδικο
nnipa
πεζός
kaakwan ho
πεζοδρόμιο
baabi a yɛtwa kwan mu
διάβαση πεζών
kyɛnsen wɔ mmɔntenso
απορριμμάτων
ntwamu
διασταύρωση
trafik kanea
φανάρια

apata

καλύβα

efie

διαμέρισμα

keteke gyinabea

σιδηροδρομικός σταθμός

adwaberɛm

δημαρχείο

MUSEUM

bea a yɛ kora tete nneɛma

μουσείο

sukuu

σχολείο

suapɔn

πανεπιστήμιο

sikakrobea

τράπεζα

ayaresabea

νοσοκομείο

ahɔhogyebea

ξενοδοχείο

famasi

φαρμακείο

asoeε

γραφείο

sotɔɔ a wɔtɔn nwoma

βιβλιοπωλείο

sotɔɔ

κατάστημα

baabi yεtɔn nhwiren

ανθοπωλείο

sotɔɔpɔn

σούπερ μάρκετ

edwam

αγορά

sotɔɔ kεseε

πολυκατάστημα

baabi a yεtɔn mpataa

ιχθυοπωλείο

dwadibea kεseε

εμπορικό κέντρο

suhyεn gyinabea

λιμάνι

baabi kaa gyina
πάρκο

bɛnkye
παγκάκι

ɛtwene
γέφυρα

atwedeɛ
σκάλες

asaase ase
μετρό

ɛbɔn
τούνελ

baabi a bɔs gyina
στάση λεωφορείου

nsanombea
μπαρ

adidibea
εστιατόριο

lɛta adaka
γραμματοκιβώτιο

ɛkwan so akwankyerɛ
πινακίδα δρόμου

baabi kaa gyina ho mita
παρκόμετρο

zoo
ζωολογικός κήπος

nsuo a yɛ dware mu
πισίνα

nkramodan
τζαμί

afuo
αγρόκτημα

dεε egu mmɔnten so fi
ρύπανση

asieε
νεκροταφείο

asɔre
εκκλησία

agodibea
παιδική χαρά

asɔre dan
ναός

mmɔnten so asiesie

τοπίο

ahaban
φύλλο

sanbɔd
πινακίδα κατεύθυνσης

kwan
δρόμος

asaase a εsere wɔ so
λιβάδι

boba
πέτρα

dua
δέντρο

ɔnantefoɔ
πεζοπόρος

asubɔnten
ποτάμι

εsερε
χορτάρι

nhwiren
λουλούδι

amenamu

κοιλάδα

bepɔ

λόφος

tadeɛ

λίμνη

kwaeɛ

δάσος

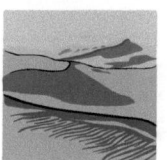

ɛserɛ so

έρημος

egya a efri botan mu

ηφαίστειο

abankɛseɛ

κάστρο

nyankontɔn

ουράνιο τόξο

emere

μανιτάρι

abɛtene

φοίνικας

ntomntom

κουνούπι

tu

μύγα

ntɛtea

μυρμήγκι

wowa

μέλισσα

ananse

αράχνη

amankuo

σκαθάρι

apɔnkyerɛni

βάτραχος

opuro

σκίουρος

apɛsɛ

σκαντζόχοιρος

adanko

λαγός

patuo

κουκουβάγια

anomaa

πουλί

nsuo mu dabodabo

κύκνος

kɔkɔte

αγριογούρουνο

adoa

ελάφι

ɔtweenini

άλκη

dam

φράγμα

wind turbine afidie

ανεμογεννήτρια

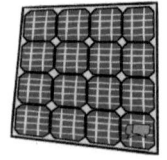

afidie a ɛkye awia

ηλιακός συλλέκτης

wiem nsakraeɛ

κλίμα

adidibea

εστιατόριο

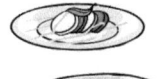

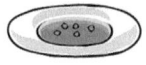

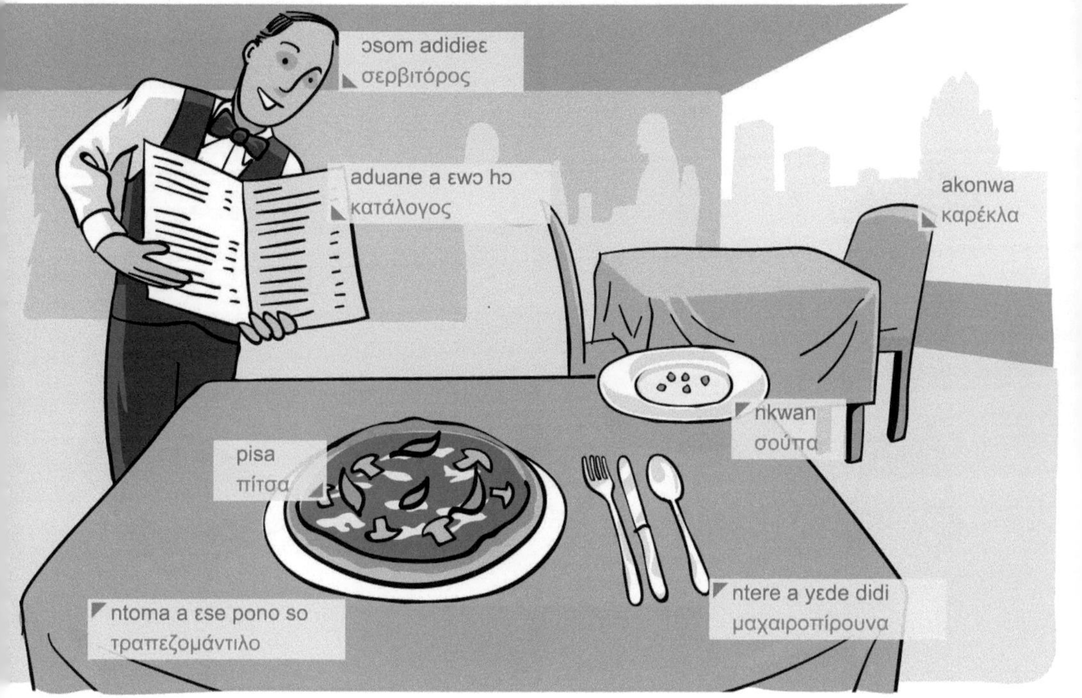
ɔsom adidieɛ
σερβιτόρος
aduane a ɛwɔ hɔ
κατάλογος
akonwa
καρέκλα
nkwan
σούπα
pisa
πίτσα
ntoma a ɛse pono so
τραπεζομάντιλο
ntere a yɛde didi
μαχαιροπίρουνα

mprampra anom

ορεκτικό

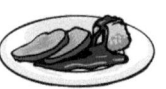

aduane no ankasa

κύριο πιάτο

mpa anom

επιδόρπιο

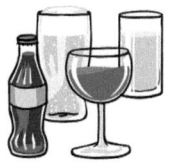

nsa

ποτά

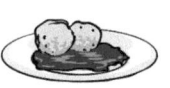

aduane

φαγητό

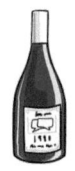

toa

μπουκάλι

aduane hyewhyew

φαστ φουντ

abɔnten so aduane

φαγητό στ' όρθιο

tii kukuo

τσαγιέρα

asikyire konko

δοχείο ζάχαρης

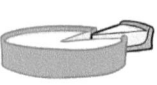

wo kyɛfa

μερίδα

espresso afidie

μηχανή εσπρέσο

akonwa tenten

ψηλή καρέκλα

wo ka

λογαριασμός

apanpan

δίσκος

sekan

μαχαίρι

adinam

πιρούνι

atere

κουτάλι

atere ketewa

κουταλάκι του τσαγιού

napkin a yɛde pepa ano

πετσέτα φαγητού

glase

ποτήρι

prɛte

πιάτο

kwan kyɛnsee

πιάτο σούπας

prɛte ketewa

πιατάκι φλιτζανιού

abomu

σάλτσα

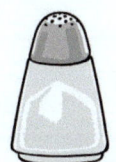

nkyene kukuo

αλατιέρα

yɛde yam mako

μύλος για πιπέρι

fenega

ξύδι

anwa

λάδι

aduhwam

μπαχαρικά

kɛkyɔp

κέτσαπ

mustad

μουστάρδα

mayones

μαγιονέζα

sotɔɔpɔn

σούπερ μάρκετ

ntesoɔ soronko
προσφορά
FOR
adetɔfoɔ
πελάτης
nanatwie nufusuo
γαλακτοκομικά προϊόντα
aduaba
φρούτα
hwiili
καρότσι για ψώνια

BUTCHERS

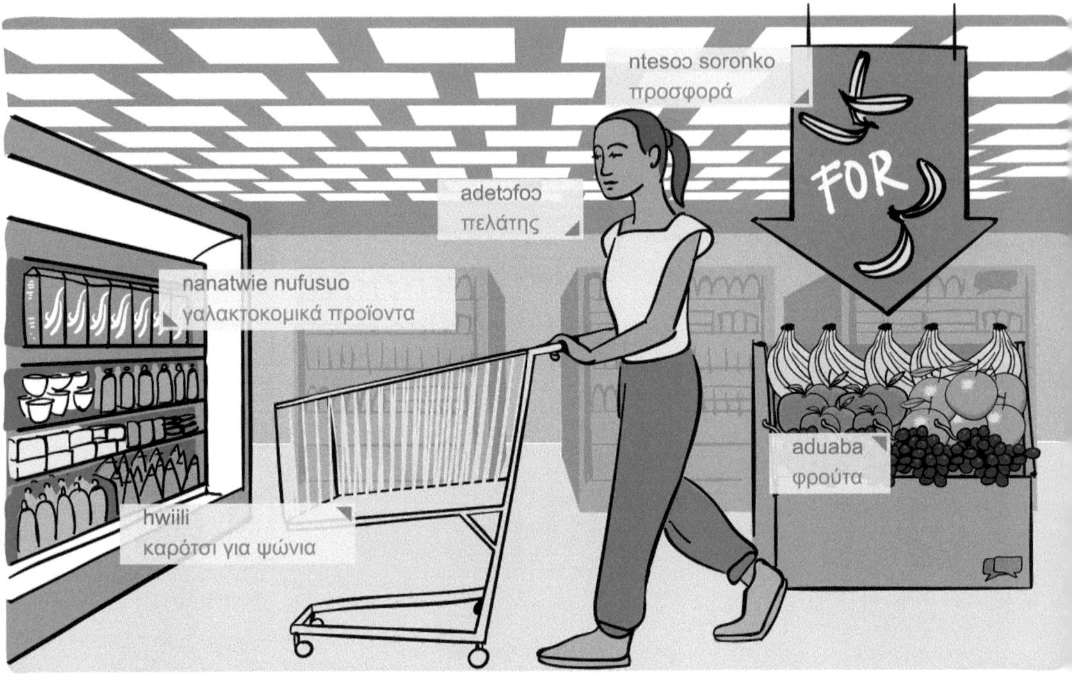

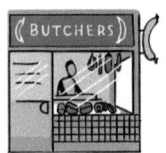

baabi a yɛtɔn nam

κρεοπωλείο

BAKERY

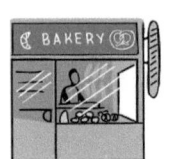

baabi a yɛtɔn paano

φούρνος

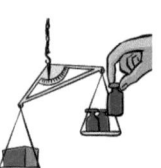

susu

ζυγίζω

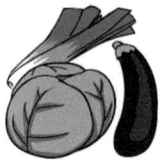

atosodeɛ

λαχανικά

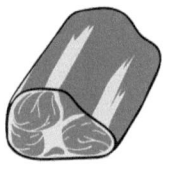

nam

κρέας

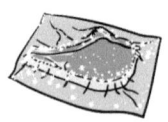

frigyemu aduane

κατεψυγμένα τρόφιμα

nam a adwɔɔ

αλλαντικά

kyɛnsee mu aduane

κονσερβοποιημένη τροφή

paoda samena

απορρυπαντικό ρούχων

adedɔkɔdɔkɔ

γλυκά

efie nneɛma

οικιακά είδη

adetɔneɛ a yɛde pepa fin

καθαριστικά προϊόντα

nnipa a ɔtɔn adeɛ

πωλήτρια

afidie a egye sika

ταμείο

ɔgyegye sika

ταμίας

rataa a wodi rekɔ di dwa

λίστα για ψώνια

berɛ a wɔde bua

ωράριο λειτουργίας

sikabotɔ

πορτοφόλι

kaade a yɛde yi sika

πιστωτική κάρτα

baage

τσάντα

rɔba baage

πλαστική σακούλα

nso

νερό

aduaba mu nsuo

χυμός

nufusuo

γάλα

kok

κόκα κόλα

wain nsa

κρασί

biya

μπίρα

mmorosa

αλκοόλ

kokoo

κακάο

tii

τσάι

kofe

καφές

espresso

εσπρέσο

kapukyino

καπουτσίνο

kwadu

μπανάνα

apol

μήλο

ankaa

πορτοκάλι

melon

πεπόνι

akutɔɔ

λεμόνι

karɔt

καρότο

garlik

σκόρδο

pampro

μπαμπού

gyeene

κρεμμύδι

mmere

μανιτάρι

nkateε

ξηροί καρποί

talia

νουντλς

spageti

μακαρόνια

ɛmo

ρύζι

salad

σαλάτα

kyipis

πατατάκια

abrɔdwomaa a y'akye

τηγανητές πατάτες

pisa

πίτσα

hambɔga

χάμπουργκερ

sanwekye

σάντουιτς

nam a dompe nnim

κοτολέτα

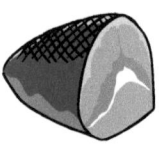

preko nam

ζαμπόν

nam a y'ahata

σαλάμι

sɔsege

λουκάνικο

akokɔ

κοτόπουλο

toto

ψητό

apataa

ψάρι

oosu koko

χυλός βρώμης

muesli

μούσλι

konflese

κορν φλέικς

esam

αλεύρι

krossant

κρουασάν

paano a y'abobɔ

ψωμάκι

paano

ψωμί

paano a y'atoto

τοστ

biskete

μπισκότα

bɔta

βούτυρο

nufusuo a ada

τυρόπηγμα

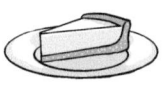

keeke

κέικ

kosua

αυγό

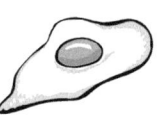

kosua a y'akyeɛ

τηγανητό αυγό

kyiis

τυρί

asskrim

παγωτό

asikyire

ζάχαρη

ɛwoɔ

μέλι

gyaam

μαρμελάδα

kyokolete

άλλειμμα σοκολάτας

kɔri

κάρυ

afuo
αγρόκτημα

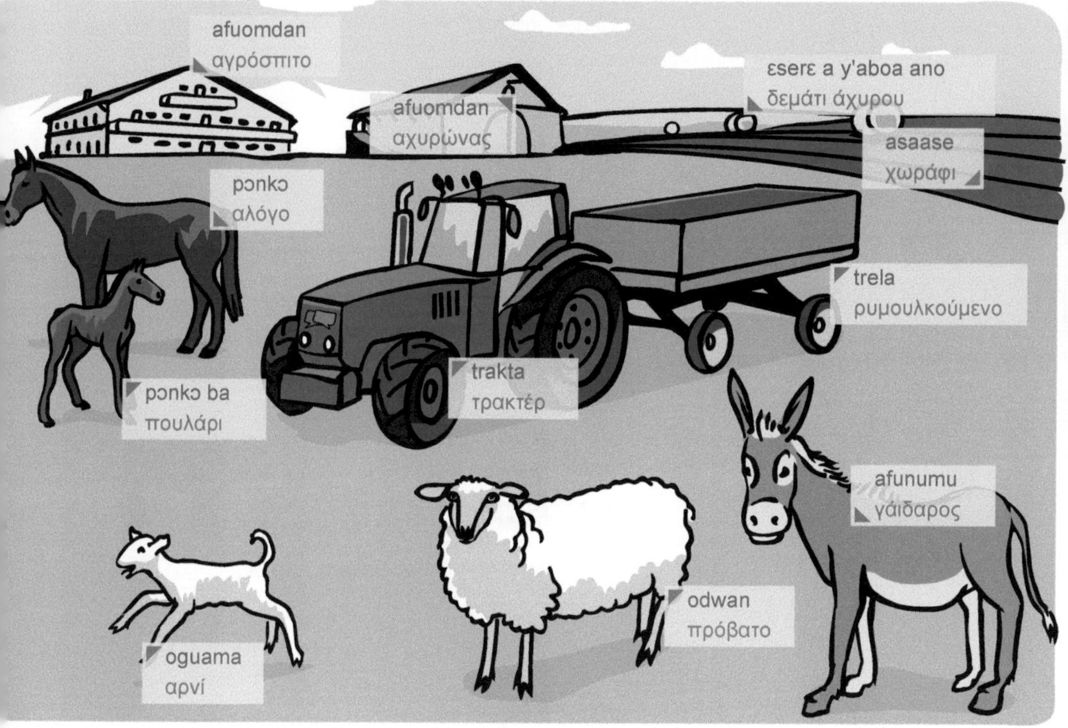
afuomdan
αγρόσπιτο
afuomdan
αχυρώνας
εserε a y'aboa ano
δεμάτι άχυρου
asaase
χωράφι
pɔnkɔ
αλόγο
trela
ρυμουλκούμενο
pɔnkɔ ba
πουλάρι
trakta
τρακτέρ
afunumu
γάιδαρος
odwan
πρόβατο
oguama
αρνί

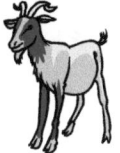

apɔnkye
κατσίκα

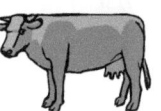

nantwie
αγελάδα

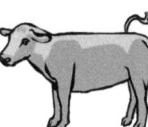

nantwie ba
μοσχαράκι

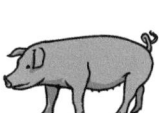

prεko
γουρούνι

prεko ba
γουρουνάκι

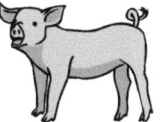

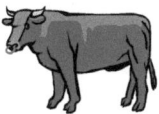

nantwinini
ταύρος

dabodabo nua

χήνα

dabodabo

πάπια

akokɔba

κοτοπουλάκι

akokɔbedeɛ

κότα

akokɔnini

κόκορας

kusie

αρουραίος

ɔkra

γάτα

akura

ποντίκι

nantwinini

βόδι

kraman

σκύλος

kraman buo

σπιτάκι σκύλου

afuom drobɛn

λάστιχο κήπου

tontora a yɛde gu nsuo

ποτιστήρι

sekan a yɛde twa aburo

θεριστήρι

funtum dadeɛ

αλέτρι

kɔntɔnkrɔ
δρεπάνι

asɔ
τσάπα

afuom adinam
δίκρανο

akuma
τσεκούρι

hweebaro
χειράμαξα

adidika
ταΐστρα

nufusuo konko
δοχείο γάλακτος

bɔtɔ
σάκος

εban
φράχτης

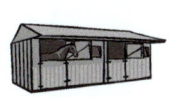

pɔnkɔ dan
στάβλος

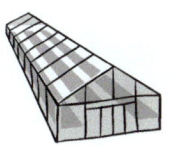

ntomadan a yεyε mu afuo
θερμοκήπιο

anwea
έδαφος

aba
σπόρος

ɔyε asaaseyie
λίπασμα

otwaberε trakta
θεριζοαλωνιστική μηχανή

twa

θερίζω

otwaberɛ

συγκομιδή

bayerɛ

γιαμς

ayuo

σιτάρι

soya

σόγια

abrɔdwomaa

πατάτα

aburo

καλαμπόκι

repu aba

κράμβη

dua a ɛso aba

οπωροφόρο δέντρο

bankye

μανιόκα

aburo asefoɔ

δημητριακά

efie

σπίτι

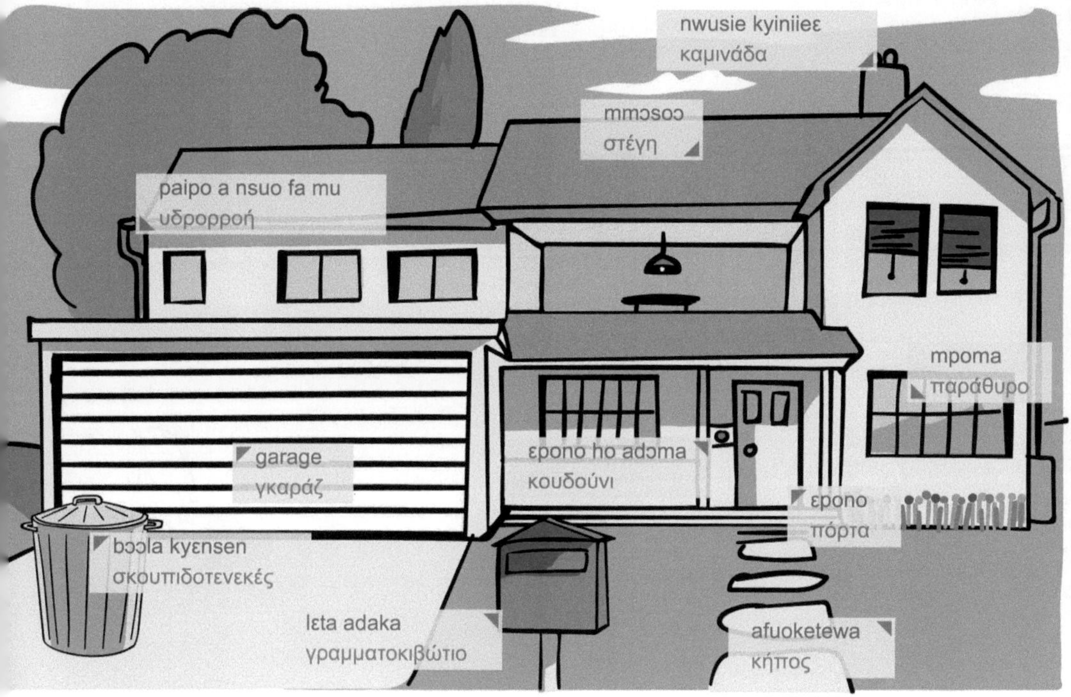

nwusie kyiniieɛ
καμινάδα
mmɔsoɔ
στέγη
paipo a nsuo fa mu
υδρορροή
mpoma
παράθυρο
garage
γκαράζ
ɛpono ho adɔma
κουδούνι
ɛpono
πόρτα
bɔɔla kyɛnsen
σκουπιδοτενεκές
lɛta adaka
γραμματοκιβώτιο
afuoketewa
κήπος

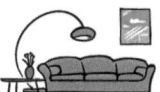

asaso

σαλόνι

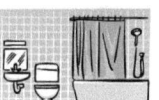

adwareɛ

μπάνιο

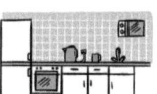

mukaase

κουζίνα

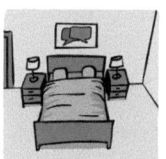

pie mu

υπνοδωμάτιο

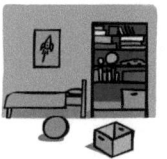

nkwadaa dan mu

παιδικό δωμάτιο

dan a yɛdidi mu

τραπεζαρία

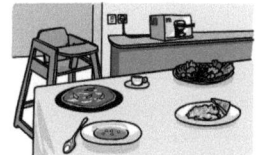

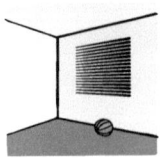

εfam

πάτωμα

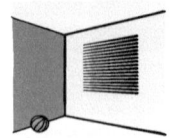

εban

τοίχος

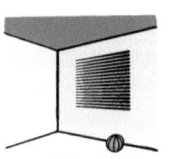

abruuso

οροφή

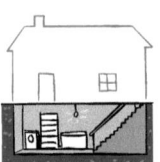

danbloo

κελάρι

adwereε a εbɔ ɔhyew

σάουνα

abranaa

μπαλκόνι

abranaaso

βεράντα

nsuo a yεdware mu

πισίνα

afidie a yεde dɔ

μηχανή του γκαζόν

nsεfam

σεντόνι

ntoma a εse kεtε so

κάλυμμα κρεβατιού

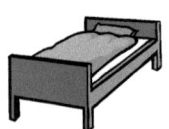

mpa

κρεβάτι

prayε

σκούπα

bokiti

κουβάς

dane

διακόπτης

asaso
σαλόνι

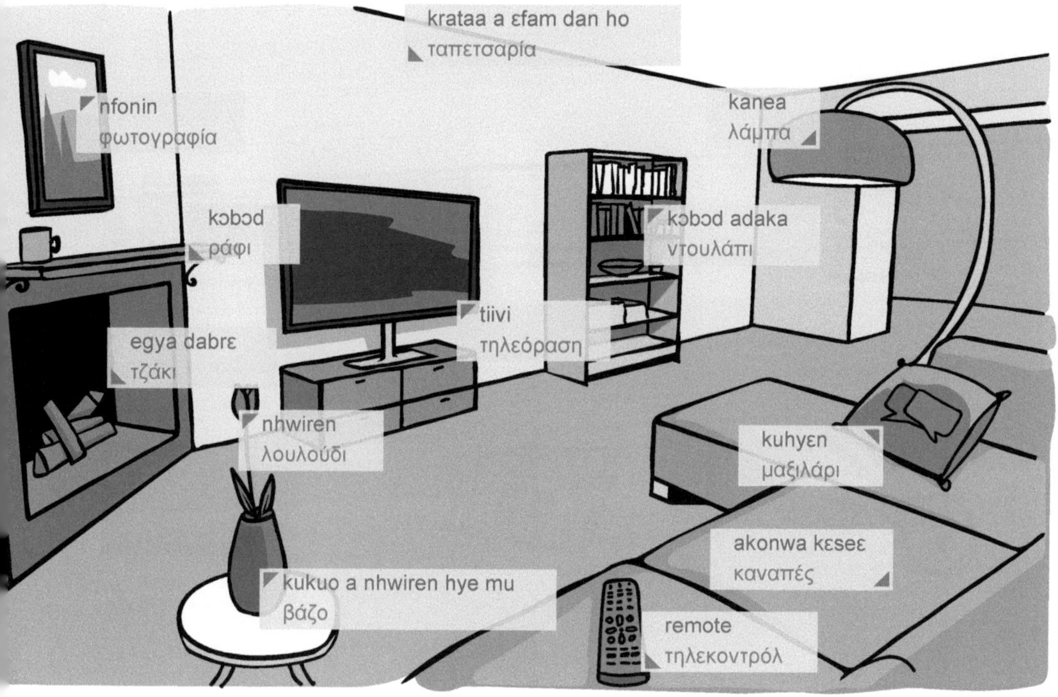
krataa a ɛfam dan ho
ταπετσαρία
nfonin
φωτογραφία
kanea
λάμπα
kɔbɔd
ράφι
kɔbɔd adaka
ντουλάπι
tiivi
τηλεόραση
egya dabrɛ
τζάκι
nhwiren
λουλούδι
kuhyɛn
μαξιλάρι
akonwa kɛseɛ
καναπές
kukuo a nhwiren hye mu
βάζο
remote
τηλεκοντρόλ

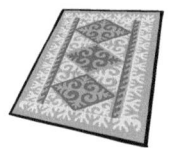

kapɛte
χαλί

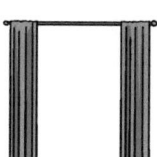

ntwaa dan mu
κουρτίνα

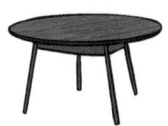

ɛpono
τραπέζι

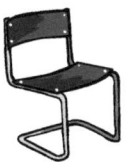

akonwa
καρέκλα

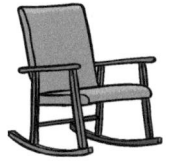

akonwa a ehinhim
κουνιστή πολυθρόνα

akonwa a yɛgyegye dan
πολυθρόνα

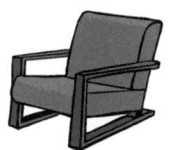

nwoma

βιβλίο

kuntu

κουβέρτα

dan mu nsiesie

διακόσμηση

egya

καυσόξυλα

sini

ταινία

wailɛs

στερεοφωνικό σύστημα

safoa

κλειδί

koowaa krataa

εφημερίδα

nfonin a y'adwi

πίνακας ζωγραφικής

nfam danho

αφίσα

radio

ραδιόφωνο

krataa a yɛ twere mu

σημειωματάριο

afidie a ɛprapra

ηλεκτρική σκούπα

kaktus

κάκτος

kyɛnere

κερί

mukaase
κουζίνα

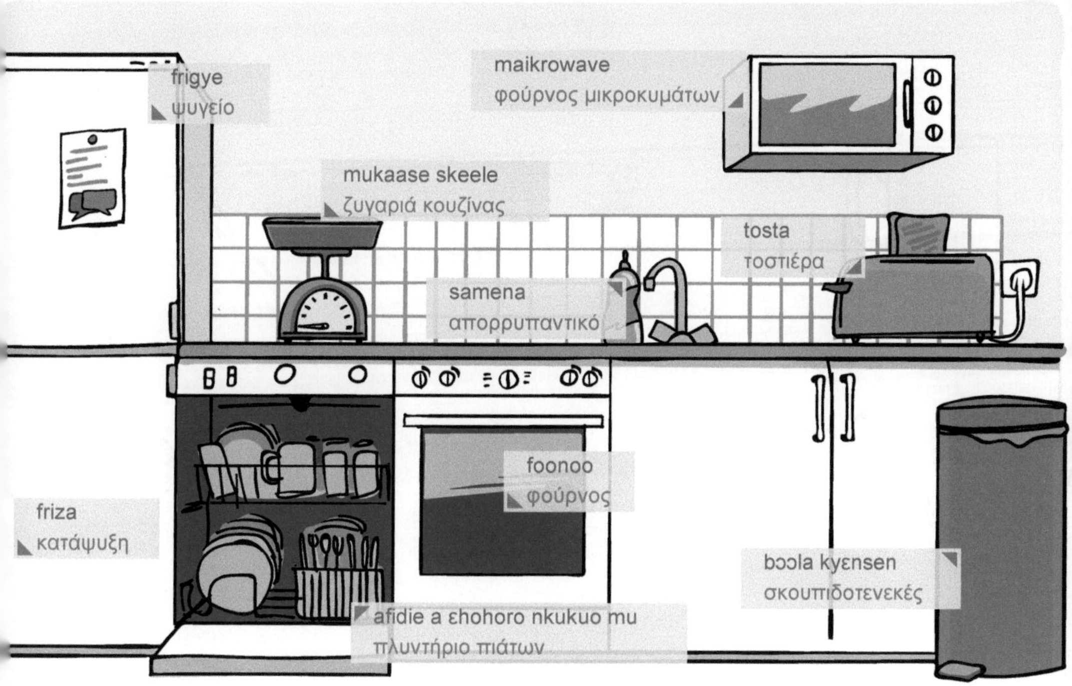

frigye
ψυγείο
maikrowave
φούρνος μικροκυμάτων
mukaase skeele
ζυγαριά κουζίνας
tosta
τοστιέρα
samena
απορρυπαντικό
foonoo
φούρνος
friza
καταψυξη
bɔɔla kyɛnsen
σκουπιδοτενεκές
afidie a ɛhohoro nkukuo mu
πλυντήριο πιάτων

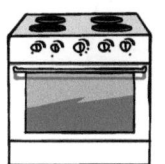

abɛɛfo bukyea

κουζίνα

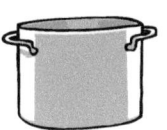

kokuo

κατσαρόλα

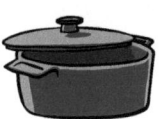

dadesɛn

μαντεμένια κατσαρόλα

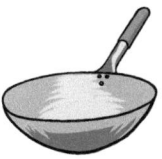

wok / kadai

γουόκ/καντάι

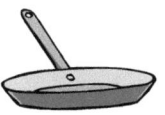

kyɛnsee

τηγάνι

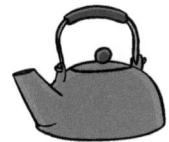

nsuo hyeɛ afidie

βραστήρας

stiima

ατμομάγειρας

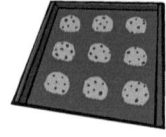

apa a yɛ to so adeɛ

ταψί

prɛte, kuruwa, ntere ne nea ɛkeka ho

πιατικά

kuruwa a etumi bɔ

κούπα

kyɛnsee

μπολ

nnua a yɛde didi

ξυλάκια

kwantre

κουτάλα

dua atere

σπάτουλα

yɛde nu adeɛ mu

ανακατεύω

sɔneɛ

σουρωτήρι

fefe

σουρωτηράκι

greta

τρίφτης

waduro

γουδί

kyinkyinga

ψησταριά

bukyea

ανοιχτή φωτιά

epono a yɛ twitwaso adeɛ

σανίδα κοπής

ɛta

πλάστης

deɛ yɛtu nsa so

ανοιχτήρι φελλών

konko

κονσέρβα

deɛ yɛde bue konko so

ανοιχτήρι κονσέρβας

yɛde sɔ kukuo mu

γάντι φούρνου

sink

νεροχύτης

brɔhye

βούρτσα

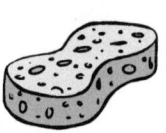

sapɔ

σφουγγάρι

aduane yam fidie

μπλέντερ

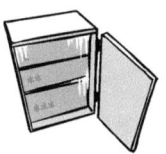

friza nini

καταψύκτης

toa a abɔdoma nom ano

μπιμπερό

paipo

βρύση

adwareɛ

μπάνιο

ɔhyewbɔ
θέρμανση
bɔɔloba
πετσέτα
hyawa
ντους
ntoma etwa hyawa mu
κουρτίνα ντουζ
ahuro a yɛdware mu
αφρόλουτρο
pan a yɛdware mu
μπανιέρα
glase
ποτήρι
afidie a esi nnɛma
πλυντήριο ρούχων
paipo
βρύση
tiailse
πλακάκια
kuraba
γιογιό
sink
νεροχύτης

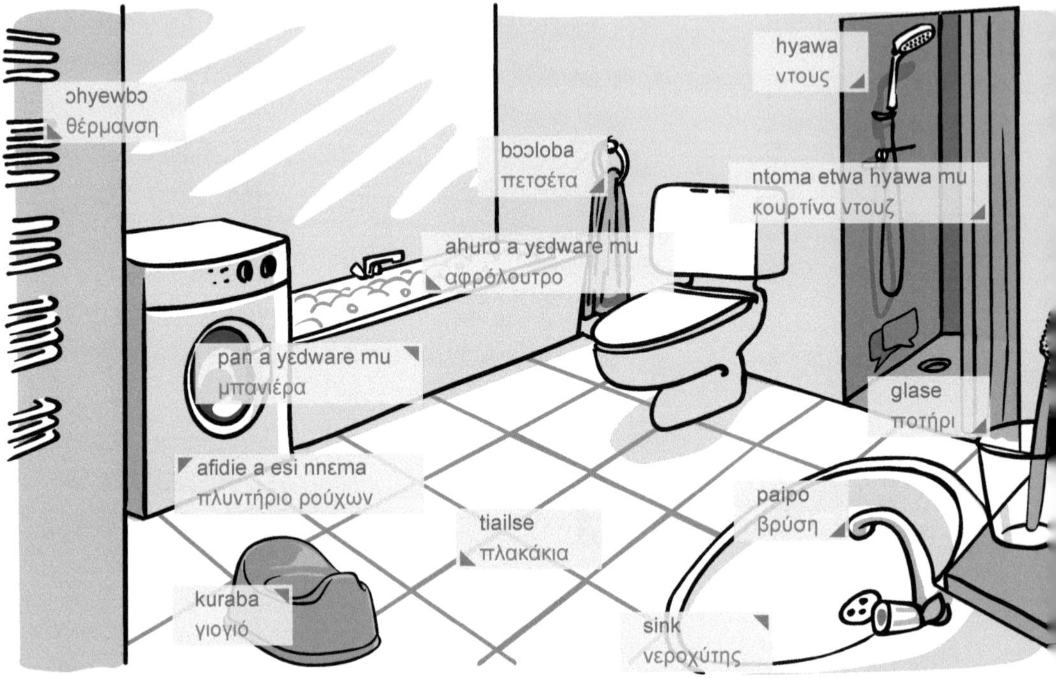

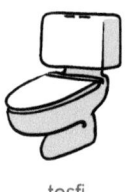

teɛfi

τουαλέτα

teɛfi a yɛ koto so

τούρκικη τουαλέτα

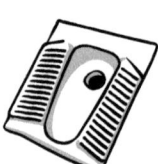

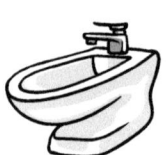

bidet teɛfi

μπιντές

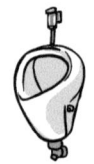

dwonsɔ dan

ουρητήριο

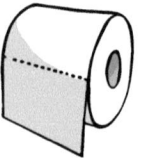

teɛfi so krataa

χαρτί υγείας

teɛfi so brɔhye

πιγκάλ

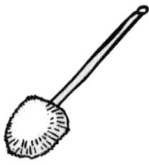

brɔhye a yɛde twitwiri see

οδοντόβουρτσα

aduro a yɛde twitwiri see

οδοντόκρεμα

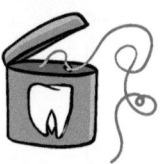

yɛde yiyi ɛsee mu

οδοντικό νήμα

si

πλένω

hyawa a yɛsɔ mu

τηλέφωνο ντους

paipo a yɛde hohoro ananmu

ντουσιέρα

bokiti

λεκάνη

brɔhye a wode dware w'akyi

βούρτσα πλάτης

samena

σαπούνι

hyawa samena

αφρόλουτρο

nsuo samena

σαμπουάν

flanɛl ntoma

φανέλα

baabi a nsu fa pue

σιφόνι

nku

κρέμα

yɛde fefa amotoamu

αποσμητικό

ahwehwɛ

καθρέφτης

ahwehwɛ a yɛsɔ mu

καθρέφτης χειρός

bled

ξυραφάκι

ahuro a yɛde yi nwi

αφρός ξυρίσματος

aduro a yɛde fefa baabi a
wo ayi nwi

αφτερσέιβ

afen

χτένα

brɔhye

βούρτσα

afidie a ɛwo nwi

σεσουάρ

enwi sopre

λακ

pɔns

μακιγιάζ

lipstike

κραγιόν

penti a yɛde mɔreɛ so

βερνίκι νυχιών

asaawa

βαμβάκι

apasoɔ a etwa mmɔreɛ

ψαλίδι νυχιών

aduhwam

άρωμα

adwaree baage
νεσεσέρ

edwa
σκαμπό

skele
ζυγαριά

adweree ataadee
μπουρνούζι

rɔba a yɛde hyɛ nsa ho
ελαστικά γάντια

tampon
ταμπόν

abɛɛfo amonsen
πετσέτα υγιεινής

teɛfi a aduro gum
χημική τουαλέτα

nkwadaa dan mu
παιδικό δωμάτιο

klɔk a ɛbɔ nkaeɛ
ξυπνητήρι
kyoobi
λούτρινο ζωάκι
toi kaa
αυτοκινητάκι
akasaa
κουδουνίστρα
broniba dan
κουκλόσπιτο
seeseiara
δώρο

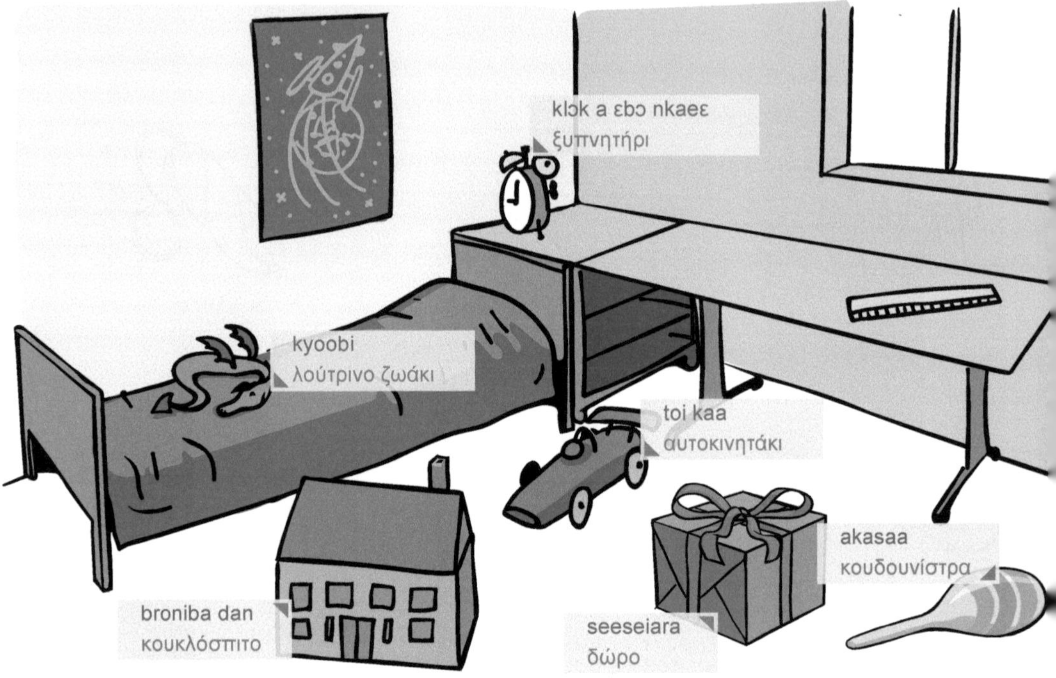

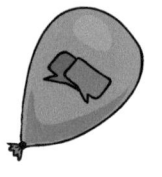

baaluu
μπαλόνι

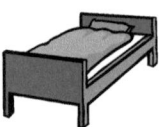

mpa
κρεβάτι

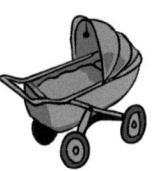

nkwadaa kaa
καροτσάκι

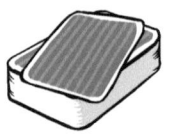

sopaa
τράπουλα

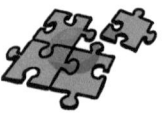

gyiksɔɔ
παζλ

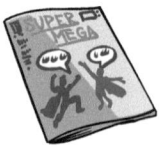

nsɛnkwa
κόμικς

lego blɔg

τουβλάκια lego

blɔg a yɛde si dan

τουβλάκια κατασκευών

nnipa ɔbɔhye

φιγούρα δράσης

abɔdoma ataadeɛ

βρεφικό φορμάκι

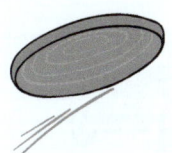

frisbee

φρίσμπι

mobail

μόμπιλο

ponoso agodie

επιτραπέζιο παιχνίδι

daahye

ζάρια

nkwadaa keteke

σετ τρενάκι

koliko

πιπίλα

apontoɔ

πάρτι

nfonin nwoma

εικονογραφημένο βιβλίο

bɔɔlo

μπάλα

broniba

κούκλα

di agorɔ

παίζω

anwea adaka

σκάμμα με άμμο

adonko

κούνια

tois

παιχνίδια

video agodie apaawa

κονσόλα βιντεοπαιχνιδιών

sakre a ne nan meɛnsa

τρίκυκλο

kyoobi

αρκουδάκι

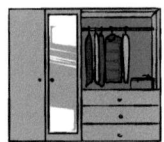

wɔdropo

ντουλάπα

ntaadeɛ

ρούχα

sɔks

κάλτσες

stokens

καλτσοδέτες

sekentait

καλσόν

duku
κασκόλ

kyiniɛɛ
ομπρέλα

t-hyɛɛt
μπλουζάκι

bɛlɛtɛ
ζώνη

mpaboa
μπότες

kyalewate
παντόφλες

kamboo
αθλητικά παπούτσια

asopatre
σανδάλια

mpoboa
παπούτσια

rɔba mpaboa
γαλότσες

ɛtam
εσώρουχο

bra
σουτιέν

singlɛtɛ
φανέλα

nipadua

σώμα

trɔsa

παντελόνι

gyins

τζιν παντελόνι

sekɛɛt

φούστα

ɛsoro ataadeɛ

μπλούζα

hyɛɛte

πουκάμισο

nkatoho a ɛko awɔ

πουλόβερ

hoodie

πουλόβερ

koot

σακάκι

nkatasɔɔ

μπουφάν

nkatasɔɔ

παλτό

nsutɔ mu nkataho

αδιάβροχο πανωφόρι

dwumadie bi ho ataadeɛ

κοστούμι

mmaa atadeɛ

φόρεμα

ayefrɔ ataadeɛ

νυφικό

kootu

κοστούμι

mmaa ataadeɛ a yɛde da

νυχτικό

pigyamas ataadeɛ

πιτζάμες

sari

σάρι

duku

μαντήλι

abotire

τουρμπάνι

burka

μπούρκα

kaftan

καφτάνι

nkramofoɔ mmaa atadeɛ

μουσουλμανικό ένδυμα

ataadeɛ a yɛde dware nsuo

ολόσωμο μαγιό

asenemu ataadeɛ

ανδρικό μαγιό

nika

σορτς

agokansie ntaadeɛ

αθλητική φόρμα

akatasoɔ

ποδιά

nsa nkataho

γάντια

bɔtom

κουμπί

sopɛɛse

γυαλιά

ahwneɛ

βραχιόλι

komadeɛ

περιδέραιο

kawa

δαχτυλίδι

asomadeɛ

σκουλαρίκι

ɛkyɛ

καπέλο

yɛde koot sɛn so

κρεμάστρα

ɛkyɛ

καπέλο

abɔmene mu

γραβάτα

zip

φερμουάρ

ɛkyɛ denden

κράνος

bresis

τιράντες

sukuu ataadeɛ

μαθητική στολή

adwuma ataadeɛ

στολή

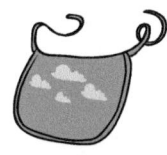

mmɔfra bib

σαλιάρα

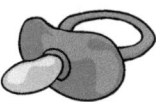

koliko

πιπίλα

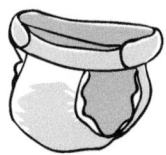

nkwadaa napken

πάνα

asoeε

γραφείο

sεεva
σέρβερ
kabenεt
αρχειοθήκη
printa
εκτυπωτής
krataa
χαρτί
monita
οθόνη
εpono a yεyε so adwuma
γραφείο
Maws
ποντίκι
nhyemu
ντοσιέ
ntwerεεε pono
πληκτρολόγιο
a yεde krataa nwura gu mu
αχρήστων
komputa
υπολογιστής
akonwa
καρέκλα

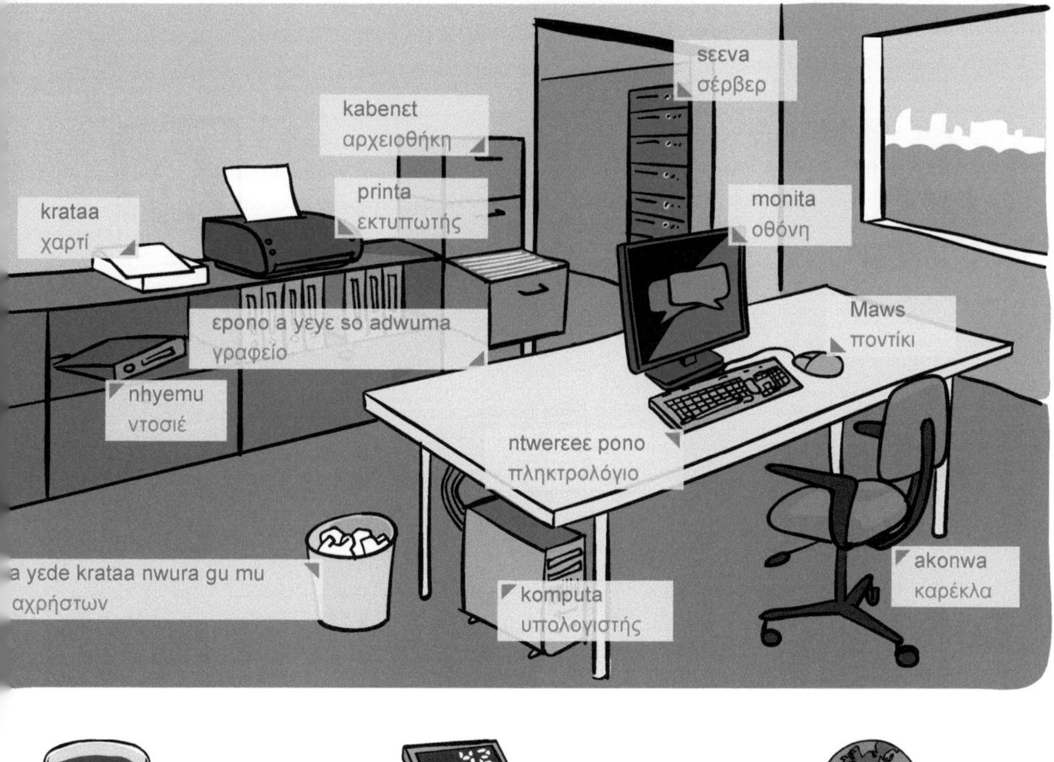

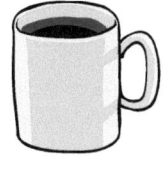

kɔfe kuruwa

κούπα του καφέ

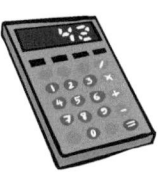

akontabuo fidie

κομπιουτεράκι

intanεt

ίντερνετ

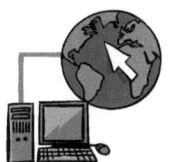

laptop

λάπτοπ

lɛta

γράμμα

nkratɔɔ

μήνυμα

mobail kasafidie

κινητό

nɛtwɛke

δίκτυο

fotokɔpi

φωτοτυπικό μηχάνημα

softwɛɛ

λογισμικό

tetefon

τηλέφωνο

sɔkɛt

πρίζα

faks afidie

συσκευή φαξ

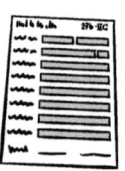

katraa

έντυπο

nkrataa

έγγραφο

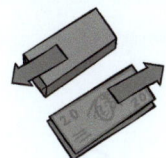

tɔ

αγοράζω

tua

πληρώνω

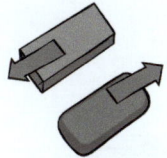

di dwa

συναλλάσσομαι

sika

χρήματα

dollar

δολάριο

euro

ευρώ

yen

γιεν

rubel

ρούβλι

Swiss franks

ελβετικό φράγκο

renminbi yuan

ρενμίνμπι γιουάν

rupii

ρουπία

baabi yɛtua sika

ATM (αυτόματη ταμειακή μηχανή)

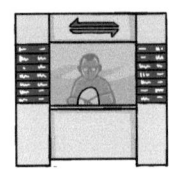

baabi a yɛ sesa sika

ανταλλακτήρια συναλλάγματος

sika kɔkɔɔ

χρυσός

dwetɛ

ασήμι

now

πετρέλαιο

ahoɔden

ενέργεια

ne boɔ

τιμή

kontragye

συμβόλαιο

ɛtoɔ

φόρος

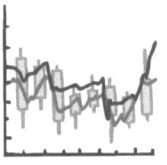

stɔk

μετοχή

adwuma

δουλεύω

adwumayɛni

υπάλληλος

adwumawura

εργοδότης

mfididwuma mu

εργοστάσιο

sotɔɔ

κατάστημα

nwuma ahodoɔ
επαγγέλματα

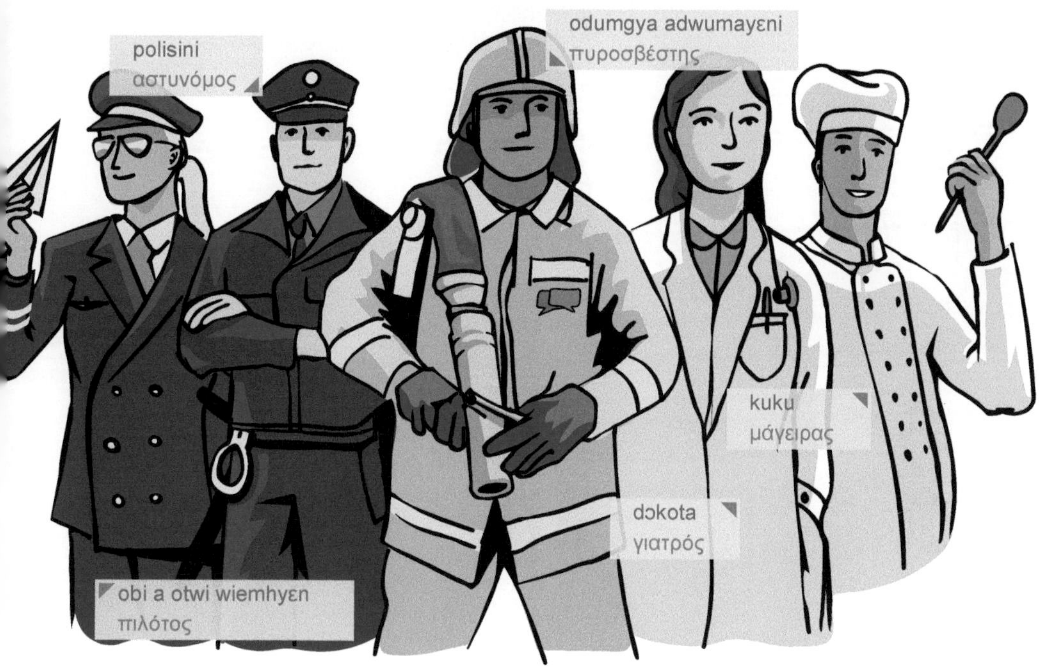
polisini
αστυνόμος
odumgya adwumayɛni
πυροσβέστης
kuku
μάγειρας
dɔkota
γιατρός
obi a otwi wiemhyɛn
πιλότος

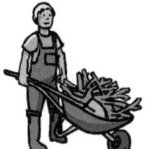

ɔyɛ afuo

κηπουρός

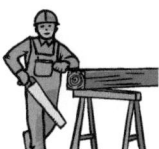

dua dwomfoɔ

ξυλουργός

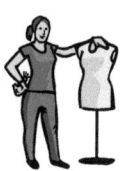

adepani baa

μοδίστρα

atɛnmuafoɔ

δικαστής

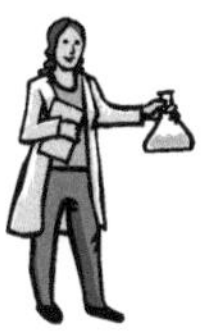

ɔtɔn nnuro

χημικός

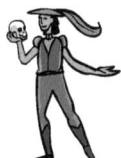

sini yɛfoɔ

ηθοποιός

bɔs drɔba

οδηγός λεωφορείου

taisi drɔba

ταξιτζής

ɔpofoɔ

ψαράς

ɔbaa a osiesie fie

καθαρίστρια

ɔbɔdanso

τεχνίτης στεγών

ɔsom adidieɛ

σερβιτόρος

bɔmɔfoɔ

κυνηγός

penta

ζωγράφος

ɔto paano

αρτοποιός

ɔyɛ nkaneɛ ho adwuma

ηλεκτρολόγος

ɔdansifoɔ

οικοδόμος

inginia

μηχανολόγος

ɔdwa nam

κρεοπώλης

plɔmba

υδραυλικός

krataa manefoɔ

ταχυδρόμος

sogyani

στρατιώτης

ɔdwi adan

αρχιτέκτονας

ɔgyegye sika

ταμίας

ɔtɔn nhwiren

ανθοπώλης

ɔyɛ tire

κομμωτής

meeti

ελεγκτής εισιτηρίων

fitani

μηχανικός

nnipa a otwi suhyɛn

καπετάνιος

ɛsee dɔkota

οδοντίατρος

abɔdeɛ mu nimdefoɔ

επιστήμονας

rabi

ραβίνος

kramo panin

ιμάμης

ɔsɔfo

μοναχός

osɔfo

ιερέας

anwenade
εργαλεία

hama
σφυρί
playa
πένσα
skrudrɔba
κατσαβίδι
sopana
Γαλλικό κλειδί
abɛɛfo tɛnee
φακός

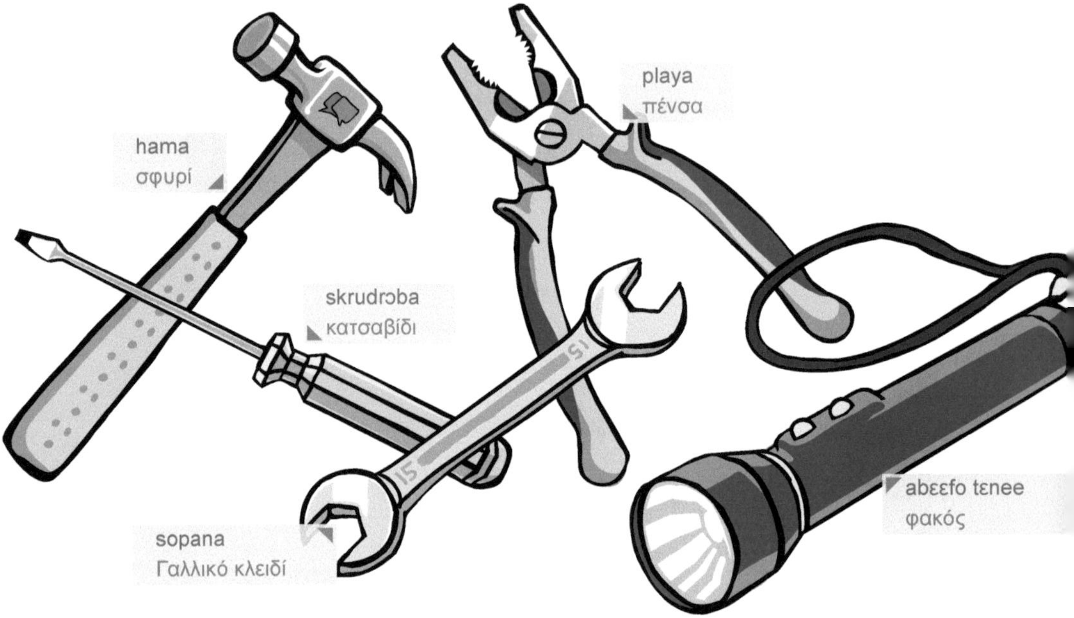

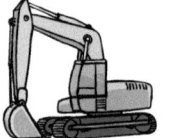

otu amena

εκσκαφέας

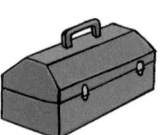

anwenade adaka

εργαλειοθήκη

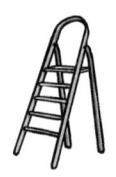

atwedeɛ

σκάλα

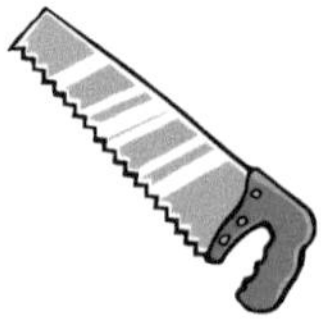

asradaa

πριόνι

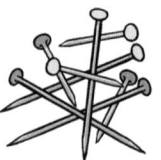

nnadewa

καρφιά

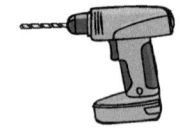

afidie a yɛde bɔne tokro

τρυπάνι

siesie

επισκευάζω

sofi

φτυάρι

Ebei!

Να πάρει!

asanwura

φαράσι

penti kukuo

δοχείο χρωμάτων

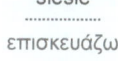

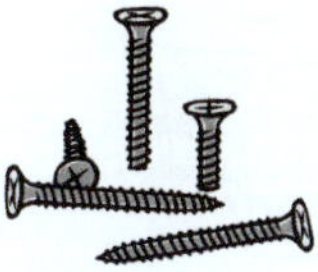

skruu

βίδες

nneɛma a yɛde bɔ nwom
μουσικά όργανα

msopika a anoyɛden
μεγάφωνο

nneama a yɛde bɔ ntwene
ντραμς

dwitae
κιθάρα

bass dwitae kɛseɛ
κοντραμπάσο

abɛn
τρομπέτα

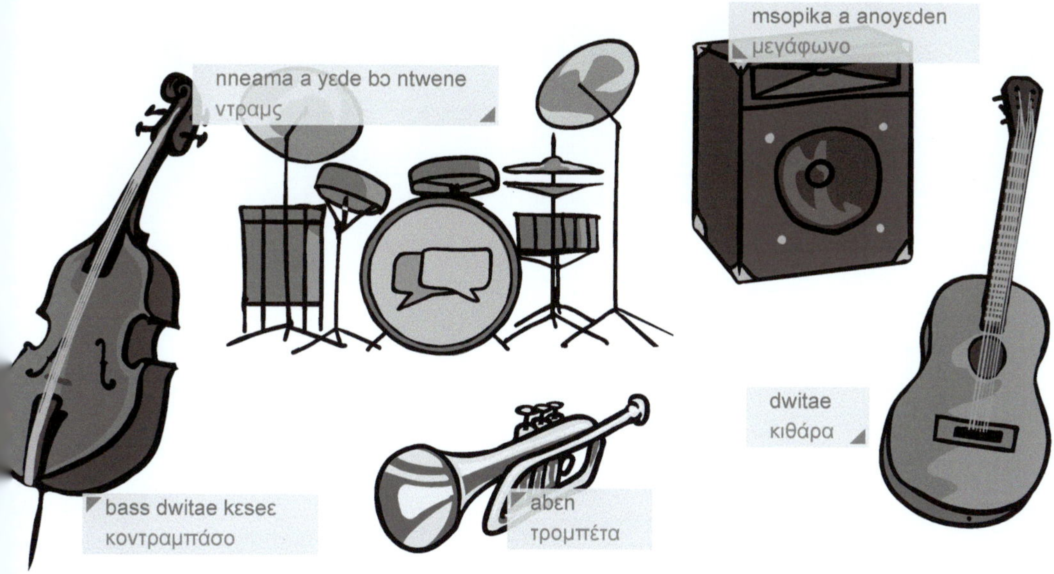

sankuo

πιάνο

ahoma sankuo

βιολί

bass dwitae

μπάσο

atumpan

τύμπανα

ntwene

τύμπανο

ntwerɛeɛ apa

πλήκτρα

saksofon

σαξόφωνο

atentenbɛn

φλάουτο

maikrofon

μικρόφωνο

ZOO
ζωολογικός κήπος

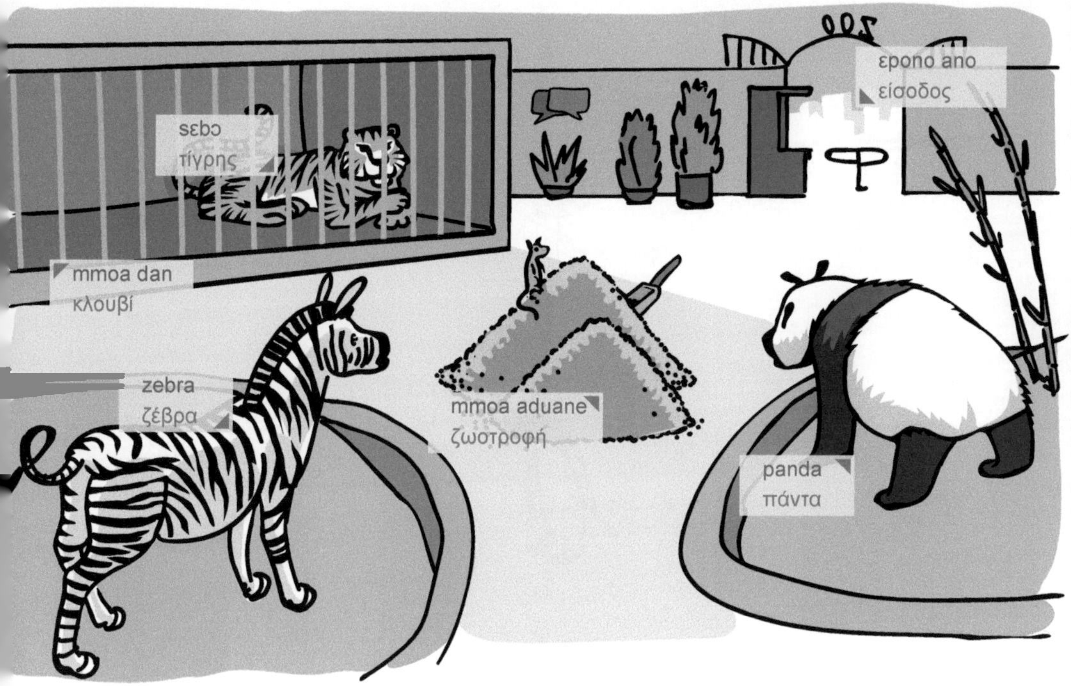

sɛbɔ
τίγρης
ɛpono ano
είσοδος
mmoa dan
κλουβί
zebra
ζέβρα
mmoa aduane
ζωοτροφή
panda
πάντα

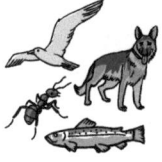

mmoa

ζώα

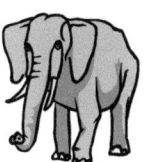

ɔsono

ελέφαντας

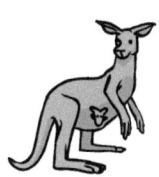

kangaru

καγκουρό

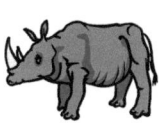

raino

ρινόκερος

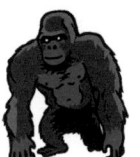

akatea

γορίλας

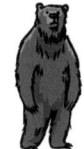

sisire

αρκούδα

afunupɔnkɔ

καμήλα

sohori

στρουθοκάμηλος

gyata

λιοντάρι

adwee

πίθηκος

flamingo

φλαμίνγκο

ako

παπαγάλος

awɔ mu sisire

πολική αρκούδα

penguin

πιγκουίνος

oboodede

καρχαρίας

akɔkonini abankwa

παγώνι

wɔwɔ

φίδι

dɛnkyɛm

κροκόδειλος

nnipa ɛhwɛ zoo so

φύλακας ζωολογικού κήπου

nsuo mu gyata

φώκια

sebɔ

τζάγκουαρ

 pɔnkɔ ba

πόνυ

etwie

λεοπάρδαλη

susuono

ιπποπόταμος

kɔntenten

καμηλοπάρδαλη

ɔkɔdeɛ

αετός

kɔkɔte

αγριογούρουνο

apataa

ψάρι

sudandan

χελώνα

walrus

θαλάσσιος ίππος

sakraman

αλεπού

ɔtwee

γαζέλα

Amerikafoɔ futbɔɔlo
Αμερικάνικο ποδόσφαιρο

skre twie
ποδηλασία

tennis
αντισφαίριση

basketbɔɔlo
μπάσκετ

nsuom adwareɛ
κολύμβηση

akutruku
πυγχαμία

asukɔkyea so hɔki
χόκεϊ επί πάγου

futbɔl

ποδόσφαιρο

badmintin

μπάντμιντον

mirikatuo

στίβος

bɔɔlo a yɛde nsa bɔ

χάντμπολ

skii

σκι

polo

πόλο

nwumadie
δραστηριότητες

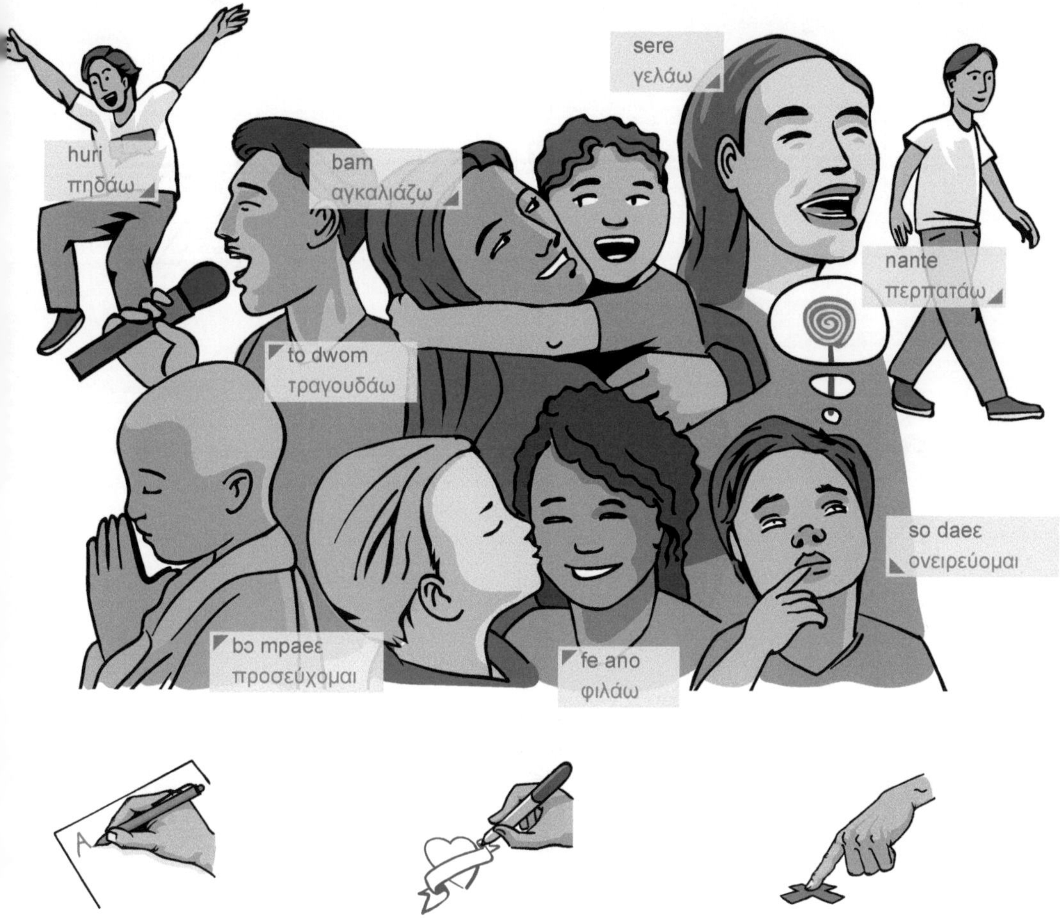

huri
πηδάω
bam
αγκαλιάζω
sere
γελάω
nante
περπατάω
to dwom
τραγουδάω
so daeɛ
ονειρεύομαι
bɔ mpaeɛ
προσεύχομαι
fe ano
φιλάω

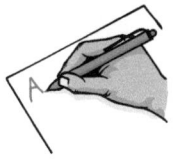

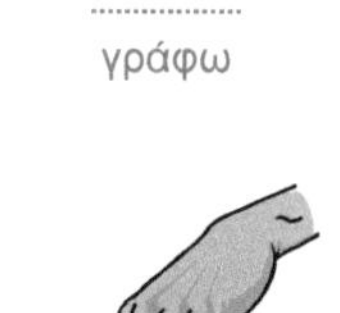

twerɛ
γράφω

dwi
σχεδιάζω

kyerɛ
δείχνω

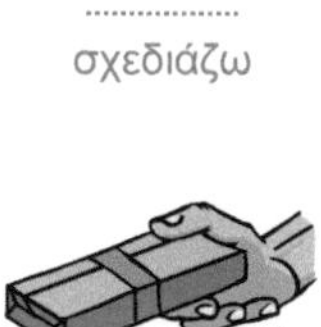

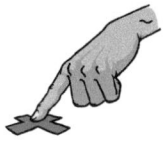

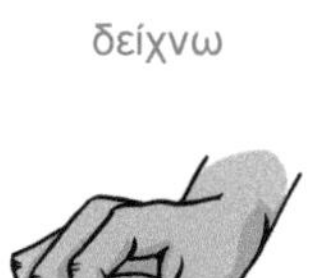

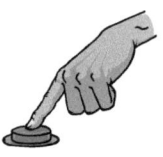

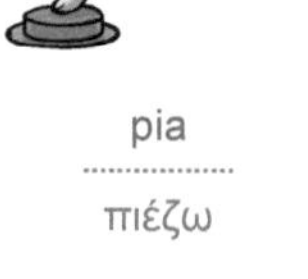

pia
πιέζω

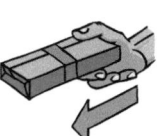

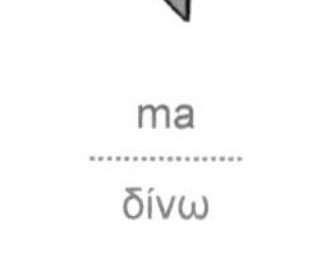

ma
δίνω

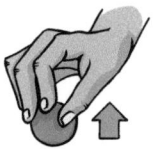

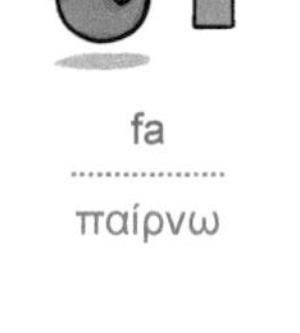

fa
παίρνω

nya

έχω

yε

κάνω

yε

είμαι

gyina

στέκομαι

tu mirika

τρέχω

twe

τραβάω

to

ρίχνω

tɔ fam

πέφτω

da hɔ

ξαπλώνω

twεn

περιμένω

soa

κουβαλώ

tenase

κάθομαι

hyε ataadeε

φοράω

da

κοιμάμαι

nyane

ξυπνάω

hwε

κοιτάω

su

κλαίω

san ho

χαϊδεύω

nunum

χτενίζω

kasa

μιλάω

te asεε

καταλαβαίνω

bisa

ρωτάω

tie

ακούω

nom

πίνω

didi

τρώω

yε nsiesie

συγυρίζω

ɔdɔ

αγαπάω

noa

μαγειρεύω

twi

οδηγώ

tu

πετάω

fa nsuo so

κάνω ιστιοπλοΐα

sese

υπολογίζω

kenkan

διαβάζω

sua

μαθαίνω

adwuma

δουλεύω

ware

παντρεύομαι

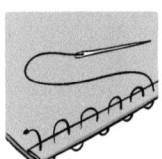

pam

ράβω

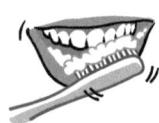

twitwiri wo se

βουρτσίζω τα δόντια

kum

σκοτώνω

nom gyɔt

καπνίζω

mane

στέλνω

abusua

οικογένεια

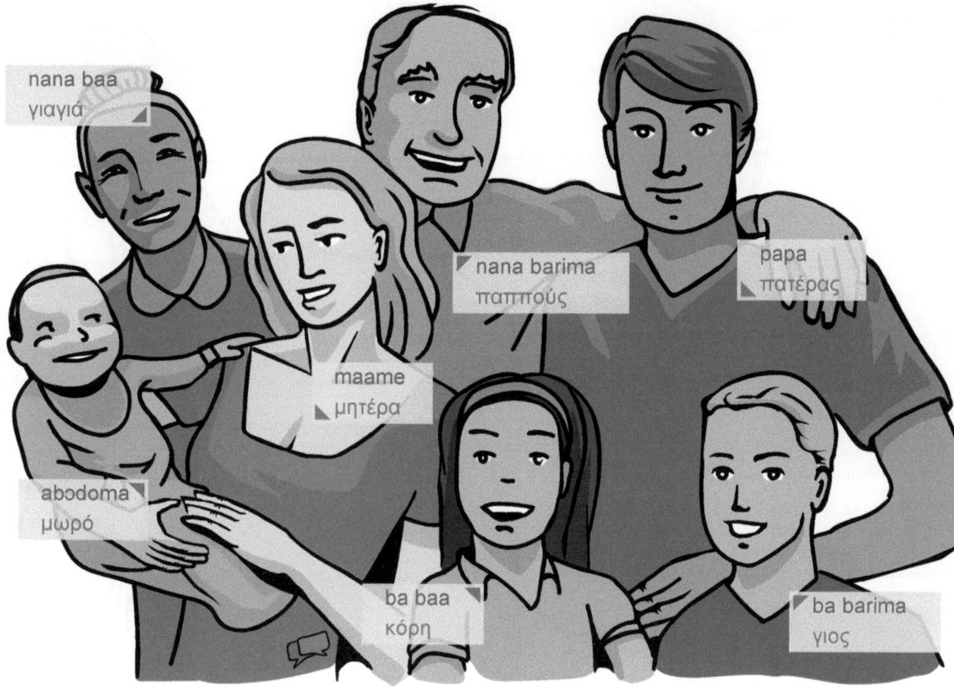

nana baa
γιαγιά
nana barima
παππούς
papa
πατέρας
maame
μητέρα
abɔdoma
μωρό
ba baa
κόρη
ba barima
γιος

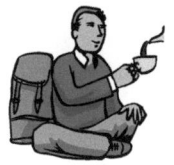

ɔhɔhoɔ

καλεσμένος

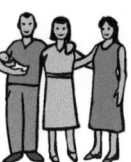

sewaa

θεία

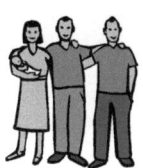

wɔfa

θείος

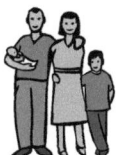

nua barima

αδελφός

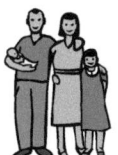

nua baa

αδελφή

nipadua
σώμα

moma
μέτωπο
ani
μάτι
abɛtire
ώμος
nsatea
δάχτυλο
anim
πρόσωπο
apantan
πιγούνι
nsa
χέρι
εnan
πόδι
nufoɔ
στήθος
nsa
βραχίονας

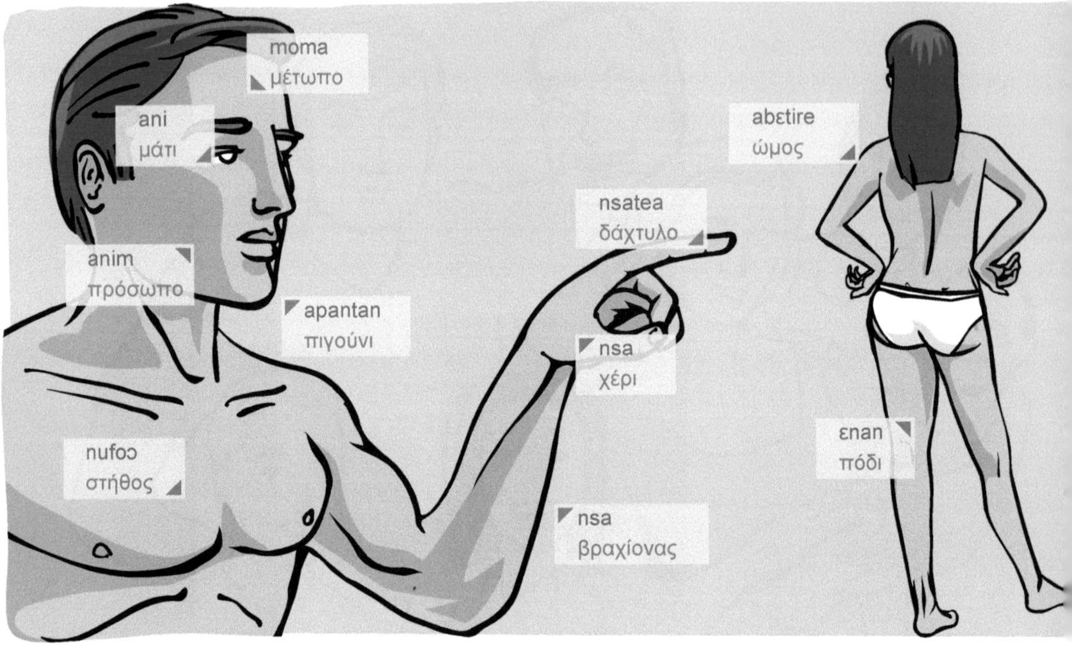

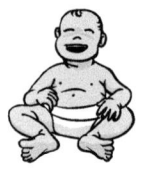

abɔdoma

μωρό

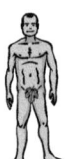

barima

άνδρας

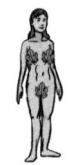

ɔbaa

γυναίκα

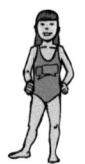

abayewa

κορίτσι

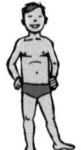

abarimawa

αγόρι

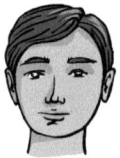

etire

κεφάλι

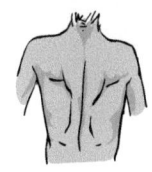

akyi
πλάτη

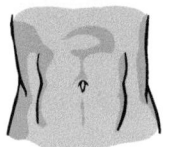

afro
κοιλιά

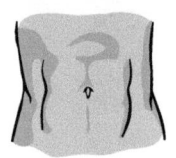

fruma
αφαλός

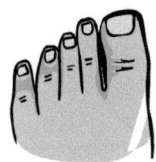

nansoa
δάχτυλο ποδιού

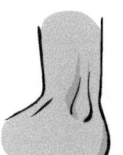

nantini
φτέρνα

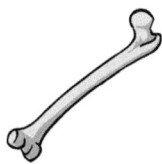

dompe
κόκκαλο

ataasɔɔ
γοφός

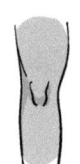

kotodwe
γόνατο

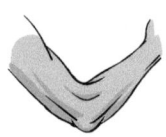

abatwɛ
αγκώνας

ɛhwene
μύτη

ɛtoɔ
γλουτός

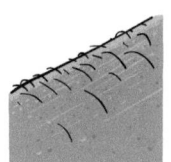

wedeɛ
δέρμα

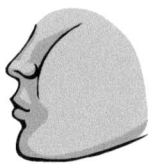

afono
μάγουλο

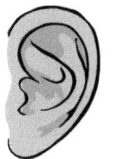

aso
αυτί

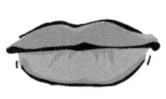

ano
χείλος

anom

στόμα

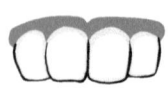

εsee

δόντι

tεkyerεma

γλώσσα

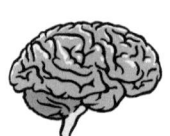

adwene

εγκέφαλος

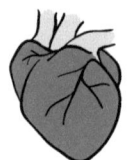

akoma

καρδιά

ntini

μυς

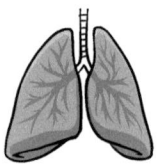

aharawa

πνεύμονας

brεbɔɔ

συκώτι

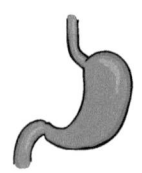

yafunu

στομάχι

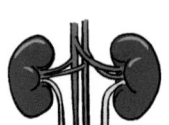

asaa

νεφρά

nna

σεξουαλική επαφή

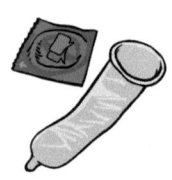

kɔndɔm

προφυλακτικό

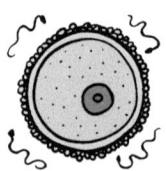

ɔbaa nkosua

ωάριο

barima ho nsuo

σπέρμα

nyinsεn

εγκυμοσύνη

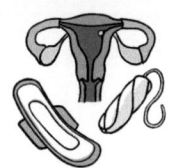

nsabuo

περίοδος

εtwε

γυναικείος κόλπος

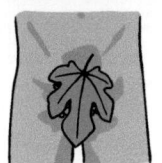

kɔteε

πέος

anintɔn

φρύδι

enwin

μαλλιά

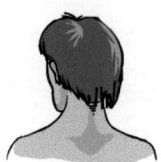

εkɔn

λαιμός

ayaresabea
νοσοκομείο

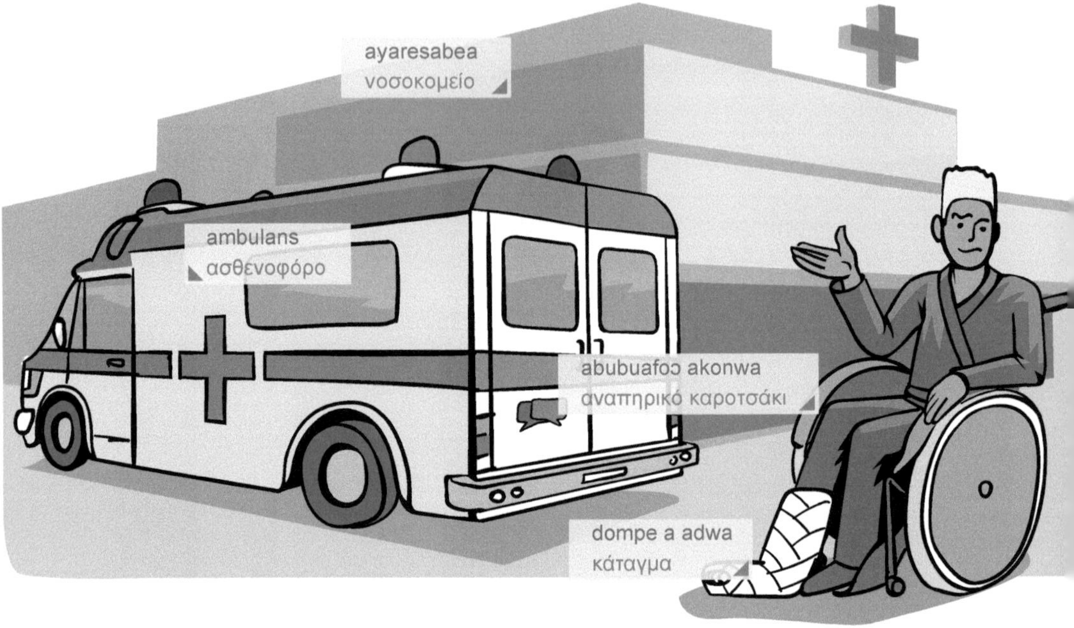

ayaresabea
νοσοκομείο
ambulans
ασθενοφόρο
abubuafoɔ akonwa
αναπηρικό καροτσάκι
dompe a adwa
κάταγμα

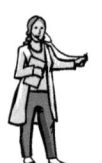

dɔkota

γιατρός

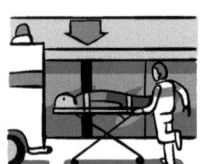

ɛdan a wɔde putupru nsɛm kɔmu

μονάδα εντατικής θεραπείας

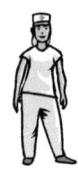

nɛɛse

νοσοκόμα

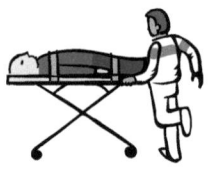

putupru

έκτακτη ανάγκη

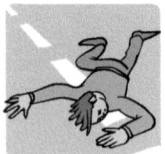

wɔ atwa ahwe

λιπόθυμος

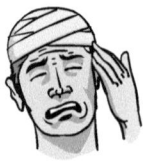

yea

πόνος

epira

τραύμα

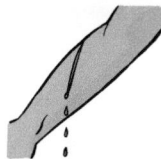

mogyatuo

αιμορραγία

akoma yarenini

έμφραγμα

stroke yareε

εγκεφαλικό

allegyi

αλλεργία

εwa

βήχας

ahoɔhyeε

πυρετός

papu

γρίπη

ayamtuo

διάρροια

tipaeε

πονοκέφαλος

kokoram

καρκίνος

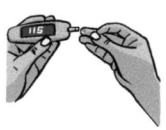

asikyire yareε

διαβήτης

dɔkota a εyε oprehyεn

χειρουργός

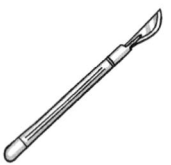

skapεl sekan

νυστέρι

aprehyεn

εγχείρηση

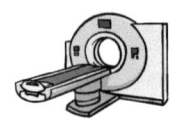

CT

αξονική τομογραφία

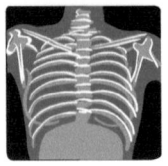

x-ray

ακτινογραφία

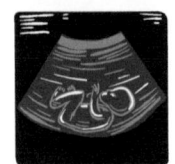

ultrasound

υπέρηχος

nkatanim

μάσκα

yareɛ

ασθένεια

ɛdan a wɔ twɛn mu

αίθουσα αναμονής

krɔhyes

πατερίτσα

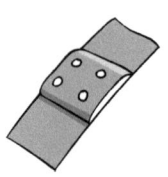

plasta

χάνσαπλαστ

banege

επίδεσμος

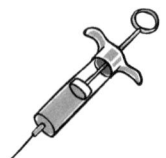

paneɛ

ένεση

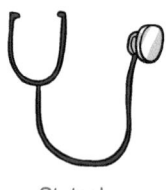

Stetoskop

στηθοσκόπιο

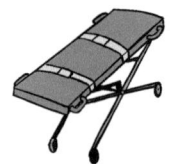

ahomankaa

φορείο

afidie a esusu ahɔɔhyeɛ

θερμόμετρο

awɔɔ

γέννηση

kɛseɛ mmorosoɔ

υπέρβαρο

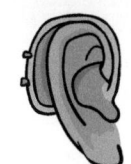

afidie a ɛboa asɛmtie

ακουστικό βαρηκοΐας

aduro a ekum mmoawa

αντισηπτικό

yareɛ a mmoawa deba

λοίμωξη

vaarɔs

ιός

HIV / AIDS

HIV/AIDS

aduro

φάρμακο

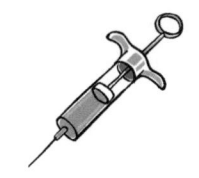

aduro a esi yareɛ ano

εμβολιασμός

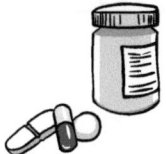

aduro tablɛte

δισκία

topaeɛ

χάπι

ɔfrɛ wɔ putupru so

κλήση έκτακτης ανάγκης

afidie a esusu mogya mmrosoɔ

πιεσόμετρο αίματος

yareɛ / apomuden

άρρωστος / υγιής

ayaresabea - νοσοκομείο

75

Boa me!

Βοήθεια!

kɔkɔbɔ

συναγερμός

εborɔ

βιαιοπραγία

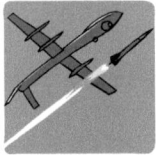

ato ahyɛ obi so

επίθεση

εyɛ hu

κίνδυνος

baabi a yɛfa de pue putupru so

έξοδος κινδύνου

Ogya!

Φωτιά!

afidie a yɛde dumgya

πυροσβεστήρας

nkwanhyia

ατύχημα

nneɛma yɛde sɔ yareɛ ano

κουτί πρώτων βοηθειών

SOS

SOS

polisi

αστυνομία

Yuropo

Ευρώπη

Amerika atifi

Βόρεια Αμερική

Amerika ananfoɔ

Νότια Αμερική

Abiberm

Αφρική

Asia

Ασία

Australia

Αυστραλία

Atlantik

Ατλαντικός Ωκεανός

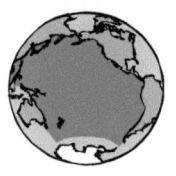

Pasifek

Ειρηνικός Ωκεανός

India po kɛseɛ

Ινδικός Ωκεανός

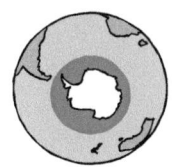

Antaatek po kesee

Ανταρκτικός Ωκεανός

Aatek po kɛseɛ

Αρκτικός Ωκεανός

Ewiase atifi

Βόρειος Πόλος

Ewiase anaafoɔ

Νότιος Πόλος

Antaatek

Ανταρκτική

Ewiase

Γη

asaase

γη

ɛpo

θάλασσα

supɔ

νησί

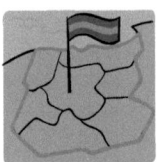

ɔman

έθνος

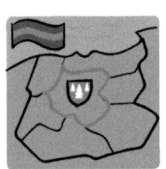

ɔman

πολιτεία

klɔko no anim

καντράν ρολογιού

dɔnhwere nsa no

ωροδείκτης

sima nsa

λεπτοδείκτης

anitɛtɛ nsa no

δείκτης δευτερολέπτων

Abɔ sɛn?

Τι ώρα είναι;

da

ημέρα

berɛ

χρόνος

seeseiara

τώρα

wkye a nɔma wɔ so

ψηφιακό ρολόι

sima

λεπτό

dɔnhwere

ώρα

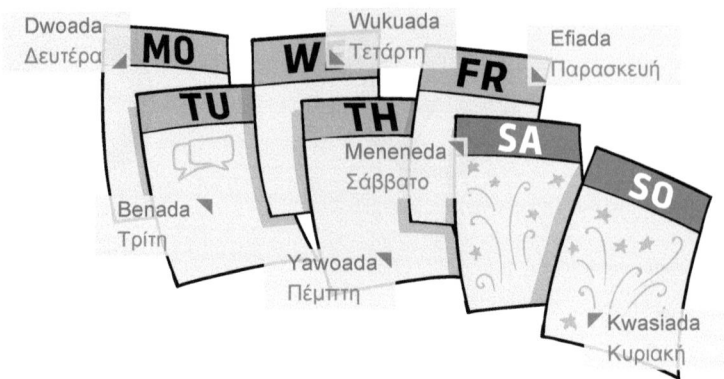

Dwoada / Δευτέρα — MO
Wukuada / Τετάρτη — W
Efiada / Παρασκευή — FR
Benada / Τρίτη — TU
Meneneda / Σάββατο — TH
Yawoada / Πέμπτη — SA
Kwasiada / Κυριακή — SO

εnora

χθες

εnora

σήμερα

ɔkyina

αύριο

anɔpa

πρωί

prεmtobrε

μεσημέρι

anwumerε

βράδυ

MO	TU	WE	TH	FR	SA	SU
1	2	3	4	5	6	7
8	9	10	11	12	13	14
15	16	17	18	19	20	21
22	23	24	25	26	27	28
29	30	31	1	2	3	4

adwuma nna

εργάσιμες ημέρες

MO	TU	WE	TH	FR	SA	SU
1	2	3	4	5	6	7
8	9	10	11	12	13	14
15	16	17	18	19	20	21
22	23	24	25	26	27	28
29	30	31	1	2	3	4

nnawɔtwe awieε

Σαββατοκύριακο

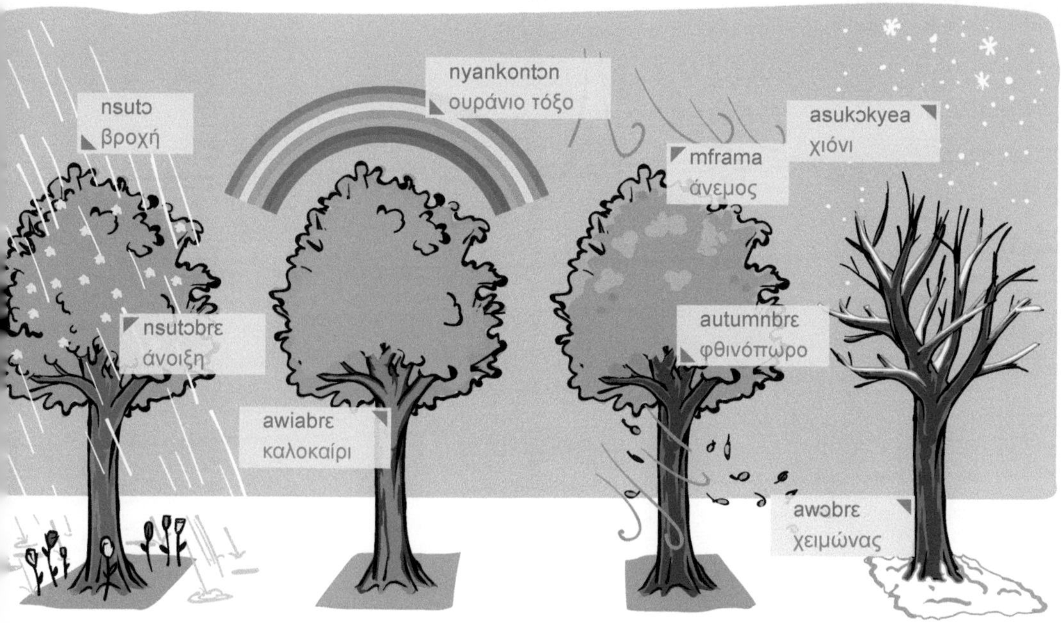

nsutɔ
βροχή

nyankontɔn
ουράνιο τόξο

asukɔkyea
χιόνι

mframa
άνεμος

nsutɔbrɛ
άνοιξη

autumnbrɛ
φθινόπωρο

awiabrɛ
καλοκαίρι

awɔbrɛ
χειμώνας

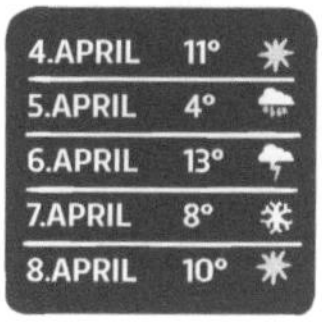

4.APRIL	11°	☀
5.APRIL	4°	☁
6.APRIL	13°	☁
7.APRIL	8°	☀
8.APRIL	10°	☀

ewiem nsakrɛeɛ
....
πρόγνωση καιρού

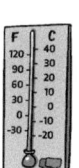

afidie a esusu ade ho hyeɛ
....
θερμόμετρο

awiabɔ
....
λιακάδα

munukum
....
σύννεφο

ɛbɔ
....
ομίχλη

ewiem nsuo
....
υγρασία

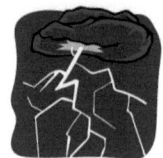

ayerɛmo

αστραπή

apranaa

κεραυνός

ehum

καταιγίδα

asukɔkyea

χαλάζι

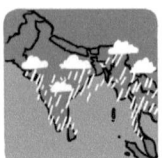

monsoonbrɛ

μουσώνας

nsuyiri

πλημμύρα

aise

πάγος

ɔpɛpɔn

Ιανουάριος

ɔgyefɔɔ

Φεβρουάριος

ɔbɛnem

Μάρτιος

Oforisuo

Απρίλιος

Kotonimaa

Μάιος

Ayɛwohomumu

Ιούνιος

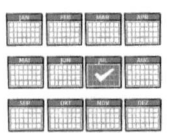

Kitawonsa

Ιούλιος

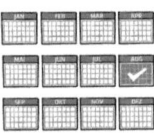

ɔsanaa

Αύγουστος

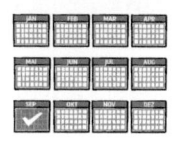

ɛbɔ

Σεπτέμβριος

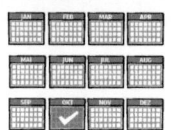

Ahinime

Οκτώβριος

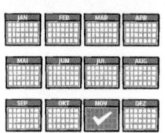

Obubuo

Νοέμβριος

ɔpɛnimaa

Δεκέμβριος

abosuo

σχήματα

kanko

κύκλος

sokwɛɛ

τετράγωνο

rɛktangel

ορθογώνιο
παραλληλόγραμμο

triangel

τρίγωνο

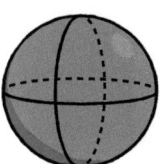

krukruwa

σφαίρα

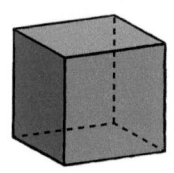

adaka

κύβος

fitaa

άσπρο

akokɔ sradeε

κίτρινο

ankaa

πορτοκαλί

pink

ροζ

kɔkɔɔ

κόκκινο

pεpol

μωβ

bruu

μπλε

ahaban mono

πράσινο

braun

καφέ

nson

γκρι

tuntum

μαύρο

pii / ketewa

πολύ / λίγο

wo boafu / wɔ adwo

θυμωμένος / ήρεμος

εγε fɛ / εγε tan

όμορφος / άσχημος

ahyɛseɛ / awieɛ

αρχή / τέλος

kɛseɛ / esua

μεγάλος / μικρός

εha / esum

φωτεινός / σκοτεινός

nuabarima / nuabaa

αδελφός / αδελφή

εho te / ayɛ fin

καθαρός / λερωμένος

awie / enwieɛ

πλήρης / ατελής

awia / anadwo

ημέρα / νύχτα

awu / ɛte ase

νεκρός / ζωντανός

emubae / εγε tea

φαρδύς / στενός

yɛde /yɛnni

βρώσιμος / μη βρώσιμος

bɔne / tema

κακός / ευγενικός

wɔ aniagye / wɔ ani nka

ενθουσιασμένος /
βαριεστημένος

ɔso / teatea

παχύς / λεπτός

edikan / etwatoɔ

πρώτος / τελευταίος

adamfoɔ / atamfo

φίλος / εχθρός

ayɛ mma / hwee nim

γεμάτος / άδειος

ɛdenden / mmerɛ mmerɛ

σκληρός / μαλακός

eyɛ duru / eyɛ ha

βαρύς / ελαφρύς

ɛkɔm / nsukɔm

πείνα / δίψα

yareɛ / apomuden

άρρωστος / υγιής

etia mmara / ɛwɔ mmara mu

παράνομος / νόμιμος

nyansa / gyimi

έξυπνος / χαζός

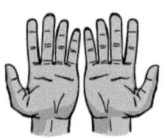

benkum / nifa

αριστερός / δεξιός

ɛbɛn / akyire

κοντινός / μακρινός

abirabɔ - αντίθετα

foforɔ / dada

καινούριος /
μεταχειρισμένος

hwee / biribi

τίποτα / κάτι

wɔ anyini/ ɔsua

γέρος | νέος

sɔ /dum

αναμμένος / σβηστός

bue / tom

ανοιχτός / κλειστός

dinn / dede

χαμηλόφωνος /
μεγαλόφωνος

ɔdefoɔ / ohia

πλούσιος / φτωχός

nifa / benkum

σωστός / λανθασμένος

werewerɛwerewerɛ /
trontron

τραχύς / λείος

awerɛhoɔ / anigyeɛ

λυπημένος / χαρούμενος

tietia / tenten

κοντός / μακρύς

nyaa / ntɛm

αργός / γρήγορος

afɔ / awɔ

υγρός / στεγνός

dedeɛdeɛɛ / adwo

ζεστός / δροσερός

akoo / asomdweɛ

πόλεμος / ειρήνη

0

hwee

μηδέν

1

baako

ένα

2

mienu

δύο

3

meɛnsa

τρία

4

ɛnan

τέσσερα

5

enum

πέντε

6

nsia

έξι

7

nson

εφτά

8

nwɔtwe

οκτώ

9

nkron

εννιά

10

edu

δέκα

11

du-baako

έντεκα

12

du-mienu

δώδεκα

13

du-meɛnsa

δεκατρία

14

du-nan

δεκατέσσερα

15

du-num

δεκαπέντε

16

du-nsia

δεκαέξι

17

de-nson

δεκαεφτά

18

du-nwɔtwe

δεκαοκτώ

19

du-nkron

δεκαεννέα

20

aduonu

είκοσι

100

ɔha

εκατό

1.000

apem

χίλια

1.000.000

ɔpepem

εκατομμύριο

Brɔfo

Αγγλικά

Amerikafoɔ Brɔfo

Αμερικάνικα Αγγλικά

Chainfoɔ Mandarin

Μανδαρίνικα Κινέζικα

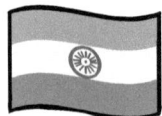

Hindi

Χίντι

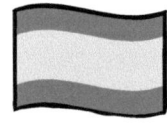

Spainfoɔ kasa

Ισπανικά

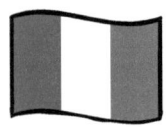

French kasa

Γαλλικά

Arabia kasa

Αραβικά

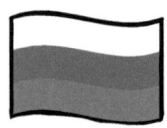

Russianfoɔ kasa

Ρώσικα

Portugalfoɔ kasa

Πορτογαλικά

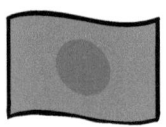

Bengali

Μπενγκάλι

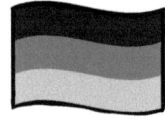

Germanfoɔ kasa

Γερμανικά

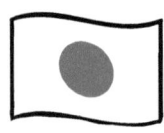

Japanfoɔ kasa

Ιαπωνικά

Me

εγώ

wo

εσύ

ono

αυτός / αυτή / αυτό

yɛn

εμείς

wo

εσείς

ɔmmo

αυτοί / αυτές / αυτά

hwan?

ποιος / ποια / ποιο;

dɛɛ bɛn?

τι;

ɛyɛ deen?

πώς;

ehen?

πού;

dabɛn?

πότε;

edin

όνομα

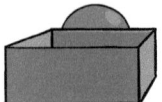

akyire

πίσω

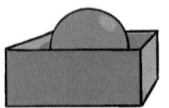

emu

μέσα

anim

μπροστά

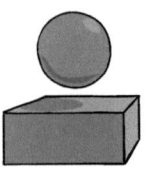

εsoro

πάνω από

εso

πάνω

asεε

κάτω

ηκyεη

δίπλα

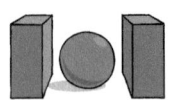

ητεm

ανάμεσα

beaε

μέρος